"一体驱动、三段进阶、三标考核"的中职校现代学徒制人才培养模式构建与实践

主　编／徐景慧

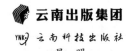云南出版集团

YNKJ 云南科技出版社
·昆明·

图书在版编目（CIP）数据

"一体驱动、三段进阶、三标考核"的中职校现代学徒制人才培养模式构建与实践 / 徐景慧主编. -- 昆明：云南科技出版社，2021.7
ISBN 978-7-5587-3570-7

Ⅰ．①一… Ⅱ．①徐… Ⅲ．①中等专业学校－人才培养－培养模式－研究－中国 Ⅳ．①G719.21

中国版本图书馆 CIP 数据核字(2021)第 130905 号

"一体驱动、三段进阶、三标考核"的中职校现代学徒制人才培养模式构建与实践
"YITIQUDONG SANDUANJINJIE SANBIAOKAOHE" DE ZHONGZHIXIAO XIANDAI XUETUZHI RENCAI PEIYANG MOSHI GOUJIAN YU SHIJIAN
徐景慧　主编

责任编辑：洪丽春
　　　　　曾　芫
助理编辑：张　朝
封面设计：品诚文化
责任校对：张舒园
责任印制：蒋丽芬

书　　号：ISBN 978-7-5587-3570-7
印　　刷：四川科德彩色数码科技有限公司
开　　本：787mm × 1092mm　1/16
印　　张：13.75
字　　数：320 千字
版　　次：2021 年 7 月第 1 版
印　　次：2021 年 7 月第 1 次印刷
定　　价：68.00 元

出版发行：云南出版集团公司　云南科技出版社
地　　址：昆明市环城西路 609 号
网　　址：http://www.ynkjph.com/
电　　话：0871-64190889

编委会

主　编：徐景慧

副主编：彭宇福　陈克乐

编　委：胥泽民　蒋　锐　彭　鹏
　　　　邓方成　余　清　祁　丹

MU LU 目 录

第一章 问题缘起：成渝地区双城
经济发展中现代学徒制的提出

第一节 现代学徒制的衍生

现代学徒制是当下非常流行的一种人才培养模式，其包含"现代"和"学徒制"两个关键属性。其中"学徒制"在职业教育诞生时就已经存在，"现代"则是基于"传统"概念而言，所以"现代学徒制"是对应着"传统学徒制"而产生的。目前关于现代学徒制的定义，国内外较为一致的观点是：现代学徒制是将传统职业技能培训与学校学历教育相融合的一种职业教育制度，是对传统学徒制的继承与更新，也是对学校职业教育的反思与改进。[①]

一、学徒制的内涵演进

学徒制作为一种拥有历史根基、可以传承文明和技艺的教育模式自古以来就为各个国家所用。随着班级授课制的产生，学徒制也日渐淡出现代教育领域，但是对于这种传统的教育模式来说，其本身还具有一定的不可替代性。随着我国社会经济的高速发展，一些企业面临转型。在这个过程中，一方面，由于企业的转型升级导致了企业技术性人才的匮乏；而另一方面，高职院校的毕业生却面临着找不到工作或就业质量不高的情况。为解决这一矛盾，西方现代学徒制引起了中国教育界的广泛关注。

---

① 俞琬琳. 现代学徒制研究综述 [J]. 轻纺工业与技术，2020，49（4）：192—193.

为了解决中国企业转型升级困难以及用工难问题，服务区域经济产业转型升级目标，教育部在高职、中职这一块把目光放到了学徒制这种古老的教育模式上，于2011年正式在新余开办了现代学徒制的试点。教育部副部长鲁昕指出："如果我们能把中国特色的现代学徒制成功做起来，我认为这不仅仅是职业教育的生命力，还解决了中国产业的核心竞争力问题。"

　　关晶以学徒制制度形态变化为依据，将二战以来的学徒制教育分为如下几个阶段。一是前学徒制，这时的学徒制还略显稚嫩；二是中世纪的行会学徒制，这时还有传统学徒制的身影；三是16—18世纪的国家立法学徒制，这时就是成熟的学徒制了；四是工业革命后的集体商议学徒制，这时的学徒制就是国家与企业共同参与的教育方式，以能力和就业为核心的学徒制；他还对其发展状况以历史背景作了深入研究、从制度形态和教学形式上进行了科学剖析。①

　　现代学徒制教学强调经验活动在学习中的重要意义，概念知识与技能技术在问题解决和任务完成过程中的运用，强化教学组织和实施过程中表现出教学场所情景化的真实性，教学内容具体化并容易操作学习，教学过程显性化，学生易反复训练，教学组织可以在任何合适学生学习的企业与行业中去，教学方法由浅入深。现代学徒制充分体现了因材施教的特色，直到每个学生都能掌握技术要点，并为其提供终身学习的机会，让学生可以进入社会参加工作。为此提高学生的学习兴趣、增强学生的学习主动性、锻炼学生的社会适应能力就是最大问题，也是现代学徒制实施的核心，学生在学徒期就能获得一定的经济收入，并对未来就业有充分了解，这样的学生能力过硬，社会、企业也需要。现代学徒制是解决教育与企业发展过程中各自问题的关键，高职学生不好招又不好就业，而企业又没有高素质、高技能的人才可用，只有学徒制这个方式很好地架起了学校与行业之间的桥梁，使职业教育得到更好的发展，企业得到想要的人才。现代学徒制进一步密切了职业教育与劳动市场的关系，加强了对市场的把握，完成了知识的更新以及能力的提高。现代师徒制教育模式很好地解决了当前高等职业教育存在的发展瓶颈与招生难、就业难等突出问题，只有现代

---

①关晶. 职业教育现代学徒制的比较与借鉴 [M]. 长沙：湖南师范大学出版社，2016.

学徒制这种创新模式才可能帮助高职人才培养走出困境，寻找到发展机遇，而这种模式有利于完善现代职业教育体系，促进学生的自我发展。

（一）对"现代"和"学徒制"的理解

"现代"是相对于"传统"提出来的。随着工业化的发展，生产方式发生了根本转变，企业的规模化生产代替了手工作坊，导致传统的学徒制在促进人的全面发展、教育培训人的效率以及教育的规范性上受到了挑战。因此学校职业教育占据主导地位，但其存在理论与实践脱节的弊端，为了有效解决这一问题，便产生了现代学徒制。

"学徒制"是一种在实际工作过程中以师傅的言传身教为主要形式的职业技能传授形式。现代学徒制与传统学徒制在本质上没有区别，即都有师傅、徒弟以及师傅对徒弟的教育和指导，都强调在"做中学，学中做"，但其形成的意义与价值和传统学徒制有很大不同，学徒制主体、形式、制度以及师生关系均发生了变化。

（二）现代学徒制与传统学徒制的区别

一是身份的变化。传统学徒制只有一种身份——学徒，现代学徒制有两种身份——学生、学徒；传统学徒制只跟随师傅学习，现代学徒制跟随师傅、教师学习。

二是培养目标的变化。现代学徒制在传统学徒制单纯培养熟练技术工人的基础上，发展成为培养理论联系实际的技术技能人才。

三是学习地点变化。现代学徒制学习地点不仅在生产第一线，还要在学校学习。

四是学习内容的变化。现代学徒制不仅有实践操作学习，还有理论学习；根据培养目标的变化以及社会发展对技术技能人才要求的提高，现代学徒制学习内容也相应发生变化，形成多样化的课程体系。

五是学习方式的变化。现代学徒制从单纯的经验或理论学习转变为工学交替的培训和学习。

六是学习时间的变化。传统学徒制学习时间是变化的，现代学徒制的学习时间是不变的。

七是考核方式的变化。传统学徒制是由师傅或协会考核，现代学徒制由教师和师傅评价，企业、教育部门或行业协会共同考核。

（三）现代学徒制人才培养模式的模型与内涵解读

现代学徒制是以校企合作为基础，以学生（学徒）的培养为核心，以课程为纽带，以学校、企业的深度参与和教师、师傅深入指导为支撑的人才培养模式。它的实施改变了以往理论与实践相脱节，知识与能力相割裂，教学场所与实践情境相分离的局面，是传统中职学校人才培养模式的一场重大革新。

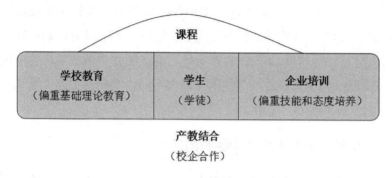

图 1-1　校企合作的模式

如图 1-1，校企合作是一种深层次合作的基础，双方在合作方式、方法以及合作具体程序、安排上都有明确的利益共享机制，有相对协调的管理办法和措施是现代学徒制坚实的基础；学生（学徒）是现代学徒制的主体，校企合作的根本出发点和利益归宿就是通过学校和企业间的合作，提高人才培养质量；学校和企业是现代学徒制的实施部门，也是评价和监督部门，二者合作的程度以及质量越高，人才培养质量越好；教师和师傅是人才培养的支撑力量，也是直接对学生进行引导和教育并对其技能学习、道德产生的重要力量；课程是模式实施的抓手，是联系教师和师傅间的纽带，起着引领人才培养方向的重大作用，在一定程度上决定了人才培养的质量和水平。

教育部在《关于开展现代学徒制试点工作的意见》（教职成〔2014〕9号）中指出："现代学徒制要探索校企协同育人机制；完善人才培养制度

和标准；推进招生招工一体化；完善人才培养制度和标准建设；校企互聘共用的师资队伍；建立体现现代学徒制特点的管理制度。要突出学校与企业双主体育人，学生与员工双重身份，教师与师傅双导师教学，实现'五个对接'（专业设置与产业需求对接，课程内容与职业标准对接，教学过程与生产过程对接，毕业证书与职业资格证书对接，职业教育与终身学习对接）的特点。"

二、职业教育发展的时代特点

随着当前世界经济的不断转型，无论是德国"工业 4.0"还是"中国制造 2025"的提出，都强调了高技术人才对于经济发展的重要作用。这意味着主要以培养高技术人才为目的的职业教育也即将面临新一轮的改革。当前我国的经济社会发展进入了一个新时期，新时期的中国在不断"引进来"的同时，还伴随着"一带一路"的"走出去"，使中国的产品、技术、人才等也在不断"走出去"。要想在日益激烈的全球竞争中，不掉队、不落后，核心在于提升我国的教育竞争力。职业教育作为与经济行为联系最为紧密的教育类型，提升职业教育的竞争力在新时期就显得尤为重要。

（一）国际职业教育的发展趋势

第一次工业革命开始于 18 世纪 60 年代，人类进入了"蒸汽时代"，它改变了原有的世界格局，使世界各地开始融为一个整体。率先完成工业革命的英国，很快发展壮大起来，并逐步确立了世界霸主的地位。第二次工业革命开始于 19 世纪 60 年代，人类进入了"电气时代"。在这次工业革命中，美国与德国抓住机会，在 19 世纪末 20 世纪初登上资本主义世界经济总量第一位与第二位的宝座。第三次工业革命开始于 20 世纪 40 年代，人类进入了"信息时代"，社会主义国家与资本主义国家之间的差距逐渐拉大。工业革命之于一个国家，无疑是一件大事，意味着巨大的机遇、新的国际地位。

2010 年 7 月，德国联邦教研部（BMBF）提出了名为《德国 2020 高科技战略》（2020 *High－tech Strategy for German：Idea，Innovation，*

Growth）的报告，其中最为引人注目的是其战略重点之一中列出的 11 项
未来规划，这是德国在为未来的竞争加码。之后，在 2013 年的德国汉诺威
工业博览会上正式提出了"工业 4.0"①。

除了德国在为未来竞争做出积极准备之外，当今世界综合国力第一的
美国也在为摆脱经济危机与迎接未来挑战的关键时期提出了自己的"工业
4.0"计划，即 2012 年启动的"先进制造业国家战略计划"。该计划由美国
商务部、国防部和能源部等三部门领衔，相关联邦部门参与合作，以协调
各部门来发展先进制造的政策②。

作为工业革命的发源地，第一次工业革命最大的受益者——英国，在
反思第二次工业革命的落后与第三次工业革命的追随的历史事实之后，发
现"相对于其他发达的工业国家，其制造业在经济中的份额日益下降，在
2013 年形成了《制造业的未来：英国面临的机遇与挑战》的报告"③，遂有
了《英国工业 2050 计划》。

职业教育作为与经济行为联系最为密切的教育类型，在经济发展中自
然也离不开其身影。德国作为全球领先的制造业强国，其制造业的发展离
不开被称为"秘密武器"的双元制（Dual System）；澳大利亚以 TAFE 模
式（Technical and Further Education，技术与继续教育）作为教育与培训
体系的基础，整合了基础教育、职业教育、培训体系、高等教育等不同阶
段与类型的教育形式而形成了 AQF（Australian Qualification Framework，
澳大利亚资格框架）为本国的学习者提供了国际化的教育与培训模式，以
便更好地应对国际竞争；英国以 QCF（Qualification and Credit
Framework，资格与学分框架）为模板规范了全国的职业教育、培训体系、
学术教育，拥有了一个统一的资格认证模式，使相关行业整合到一起，交
易成本下降明显，提高了政府部门与行业协会之间的效率，使受教者、受

①刘轩. 德国联邦政府的高科技战略举措行动"工业 4.0"[EB/OL]. http://c. iot-online. com/News /2013/ 022123662. html.
②科技部. 美国出台国家先进制造战略计划 [EB/OL]. http://www. most. gov. cn/gnwkjdt/201203/ t20120319 _ 93215.
③商务部. 英国工业 2050 计划 [EB/OL]. http://www. mofcom. gov. cn/article/i/ck/201606/20160601330906. shtml.

训者更能扎实的提升自身能力，继而使国家竞争力得以显著提高。

（二）国内职业教育的发展趋势

在第一次工业革命与第二次工业革命中，中国并没有真正享受到其所带来的巨大福利，反而承担了恶果，被西方列强蹂躏。1949 年中华人民共和国成立后，中国人民站了起来，为了更好地屹立在世界民族之林，新中国在努力地发展自己。从"一五"计划到"十三五"规划的持续推进，从人口大国向人力大国的迈进，现今也在努力从"中国制造"向"中国创造"奋进。

中国作为当今世界第二大经济体，理应为世界经济的持续复苏与发展贡献出自身的力量。中国是人口大国，过去的经济增长方式在很大程度上是利用人口优势大量发展劳动密集型产业，过多劳动人口从事低附加值的劳动，遂有了"世界工厂"之称。然而，根据 2011 年人口普查数据显示，到 2012 年，我国总劳动力数量达到顶峰，之后便开始负增长，劳动力人口红利消失的转折点将在 2013 年。

经济学家厉以宁在 2013 年发文指出："随着劳动力质量的提高，会产生新的人口红利。我们正在从廉价劳动力时代进入技工时代，通过提高劳动力质量，以拥有较高技术技能、但低于发达国家技工价格的人力形成新的人口红利，从而中国还将从技工时代转向高级技工时代。"[1]对内处于经济转型、产业升级的重要时期，需要稳步改革；对外为了在与德国、美国、英国为首的制造强国引领的新一轮竞争中不再落后，中国也响应并抓住"工业 4.0"的机遇，提出了《中国制造 2025》的宏大计划，力争在新一轮的发展中，也要做出自身应有的贡献。

我国在 2012 年人均 GDP 已经超过 6000 美元，根据世界银行的标准，我国已经进入中等收入国家行列。但经济社会发展过程中所长期积累的矛盾与冲突，使我国存在陷入"中等收入陷阱"的风险。[2]为此，我国政府部

---

①厉以宁. 调整制度创造红利［EB/OL］. http：//www. daokouren. org/content/details 287_6668. html.
②梁延方. 现代职业教育体系构建的当代意蕴与国际视野［J］. 教育与职业，2015（35）：5—9.

门十分重视职业教育体系的构建，在新时期提出"优先发展教育事业"
"完善职业教育与培训体系"的伟大目标来解决国内的一系列矛盾，同时，
也是为了迎接来自国际的竞争。

2014 年 5 月，国务院印发《关于加快发展现代职业教育的决定》（国
发〔2014〕19 号），明确要求"开展校企联合招生、联合培养的现代学徒
制试点，完善支持政策，推进校企一体化育人"。①2014 年 9 月，教育部印
发《关于开展现代学徒制试点工作的意见》（教职成〔2014〕9 号），进一
步强调开展现代学徒制对我国进一步加快发展现代职业教育的重要战略意
义，即现代学徒制可以推进行业、企业全面参与职业教育人才培养，实现
"五个对接"，从而提高人才培养的质量和针对性。②在这样的政策背景下，
全国各地职业院校都纷纷展开了现代学徒制的试点工作，但现代学徒制的
中国化实践还有许多理论问题亟待解决，如现代学徒制与过往职业院校积
极开展的校企合作有何本质不同；现代学徒制是否仅仅是一种不同于传统
校企合作的新的人才培养模式；我国当前的制度环境能否支持高职院校现
代学徒制的运行；各利益相关者能否在现代学徒制实施过程中实现利益均
衡；如何在借鉴西方发达国家现代学徒制构建的基本经验基础上探索具有
中国特色的高职院校现代学徒制运行机制。

目前，我国推行现代学徒制已经具备了一定的理论基础、政策基础和
实践基础，但"现代学徒制"在我国的发展还比较缓慢，我们并不能完全
照搬西方国家的制度模式进行发展。通过现代学徒制人才培养模式创新研
究，以及对中职校和企业调查，可以发现中职校在探索"现代学徒制"人
才培养模式过程中存在的问题和不足，借此进行分析，为四川省中职校实
施现代学徒制人才培养模式改革提供理论与实践借鉴。

---

①国务院关于加快发展现代职业教育的决定［EB/OL］. http：//www. scio. gov. cn/
ztk/xwfb/2014/gxbjhzyjyggyfzqkxwfbh/xgbd31088/Document/1373573/1373573_1. htm.

②教育部. 教育部关于开展现代学徒制试点工作的意见［EB/OL］http：//www. moe.
edu. cn/publicfiles/business/htmlfiles/moe/s7055/201409/174583. html

三、国内现代学徒制中展现的矛盾

（一）中职校开展现代学徒制开展与政、行、企履职的矛盾

"现代学徒制"是一种职业教育的有效的人才。培养模式，贯穿于从入学到毕业、就业的全过程。因而，从时间上讲，现代学徒制实施方案必须贯穿人才培养过程始终；从合作培养层面上讲，必须视学校和企业为一个整体的职业教育系统；从空间上讲，它还需要一个宽阔的、适合的政策和市场环境。大英中职校在探索"现代学徒制"人才培养模式过程中，政府、行业、企业对各自职责认识不清，履职不到位，特别对软实力建设的重视程度则有所欠缺，而中等职业教育目前最紧缺的并不是硬件，而在于软件，尤其是符合社会发展规律的人才培养模式。

政府在现代学徒制人才培养模式中的主要职责应包括：一是提供专项资金支持。政府要为学校和企业间的联系活动、学校的学徒制课程发展、相关的人员培训及启动某些培训项目不断地提供专项资金支持。二是推进学制和制度改革。政府要鼓励学校打破学年制和学时制限制，采用并逐步完善弹性学制、学分制等的变革，使学校不是以生存而是以培养合格人才为办学目标。行业协会在现代学徒制人才培养模式中的主要职责应包括：制定本行业严格的技能标准和职业资格证书等级制度。在教育部门的主导下，行业协会与企业、学校合作，制订严格的学生毕业的知识和技能标准，为广泛的职业领域和企业界服务。

中职校在现代学徒制人才培养模式中的职责主要有：一是明确学徒制实施的专业范围和领域，要对具体专业进行分析，充分认识所要达到的目标，分析所具备的条件，从而确定需要培养的具体内容，并做好学徒制教学的专业教学计划。二是进行专业与课程改革，一方面要取消一些不能适应劳动力市场需求的课程，增加与企业需求相适应的新兴专业和课程；另一方面是要改革实施学徒制专业的课程，使之适合学徒制教学。三是改革管理方式和手段，特别是要超越传统的记分方式、评价方式和学分积累方式，发展一种有意义的职业院校文凭证书。四是要重新分配教学时间，为

教师在学校内外完成项目和合作，以及为学生从事实习活动提供机会。

企业在学徒制人才培养模式中的职责主要是：一是向学生、家长、教师准确传达企业的要求，包括现在及将来应具备的知识技能；二是与学校合作，设立培训车间，制定培训计划，确定培训内容和考核方式等；三是向教师和学生的在岗学习敞开大门；四是改革人事制度，赏识和奖励那些在监督管理、辅导、教学、生产实习中指导学生，与学校合作的职员

（二）现代学徒制人才培养的高质量与教师业务能力矛盾

研究中也发现，"现代学徒制"人才培养模式更加剧了中职校实践操作能力不强的现象，原因是"现代学徒制"中倚重企业师傅，使中职校放松了对学校教师操作能力的培养。总之，中等职业学校教师整体动手能力不强是一个不争的事实，并长期困扰学校发展。很多中等职业学校教师是从"学校到学校"，没有一线生产实践经验，部分教师甚至连最基本的生产工具都不了解。学校教师进入学校以后，也没有及时加强实践操作能力，尽管教育部曾经在 2006 年下发《关于建立中等职业学校教师到企业实践制度的意见》，但是在现实中此项政策本身只是一个指导意见且没有相关专配套资金和配套政策，遭遇了许多现实困境。中等职业学校本身是培养一线技能人才，而非理论研究型人才，这种角色定位导致许多中等职业学校教师与企业师傅相比，地位显得比较低，无法赢得学生的充分尊重。目前整个中职学校的专业师资正在面临一种青黄不接的境况。现有的老教师大都是当初文化基础课教师转岗过来的，实操经验充足，但他们基本上到了退休年龄。而新老师尽管学历层次高，知识面丰富，但是许多人在高校中基本没有参加真实生产实践，上岗前也没有怎么培训，动手能力比较差，上课是有严重的照本宣科的现象。

（三）实践环节教学质量和评估考核体系矛盾

现代学徒制"双主体"育人模式虽然明确了实践环节教学质量标准、考核办法，但企业的关注点不在于育人，而在于人力资源的获取。在体制上，企业师傅一般具备企业员工和学校聘任教师双重角色，尽管学校需要企业师傅发挥育人功能，但学校很难对企业师傅产生强有力的约束力；企

业对企业师傅有较强的约束力，但企业的关注点不在于育人，这就产生了严重悖论，也是本次研究中的困扰。

学校在进行现代学徒制试点过程中，为了强化对实习学生的监控管理，同时也为理顺校企合作机制，采取了诸如定期与企业管理方座谈，学生对企业师傅评价等多种办法，对实践环节进行有效监控、测评，对于改进并提高教学质量，提升就业水平，具有积极的指导意义。而科学、合理的质量和评估考核体系，不仅包括对学校、学生，而且包括企业师傅甚至于企业的监控和考核评估。如果企业的生产结构、管理体制出现调整，不能满足人才培养要求，中职校寻找其他合作单位又很困难时，往往将质量与考核体系标准降低。同时，企业的师傅也不能严格按照质量和考核体系去执行。大多考核流于形式，缺乏严格的考核内容，致使考核结果不可靠，有失公平。与此同时，由于一些教学过程是发生在企业内部，学校更无法对教学过程做较好监控。此外，企业师傅向学生传授的主要是专业化程度非常高的知识，除非是专业人员，否则很难对企业师傅的教学质量做好合理评价。

（四）岗位能力培养与企业效益的矛盾

为了有效提高学生（学徒）岗位能力，现代学徒制企业学习环节必然进行多岗轮换学习。对学生和学校而言，到企业顶岗实习是教学的一部分，为了学生的可持续发展，要让尽量让学生在不同的岗位、不同工种进行实践，以便熟悉和了解不同部、不同岗位、不同工种的技术要求、岗位职责，学会多种技能。学生若长期在同一岗位、同一工种工作，显然不能达到教学和培养学生的目的。因此，岗位轮换与岗位持续不协调的问题越早解决越有利于"学徒制"的建立。但由于企业对不同岗位的人员有不同的需求，不同岗位的师傅也不相同，因此学生到企业参加顶岗实训的岗位一旦确定，企业一般不会轻易地同意学生换岗或轮岗，以便针对具体的岗位对学生进行相关技能、知识及职业素养的训练，提高企业的生产效率、降低管理成本。另外，一些重要的岗位对理论和技能的要求比较高，实习中几乎不允许出现任何错误，否则轻则产品报销。显然，学生在某一岗位实习的时间越长，对企业越有利，但对学生不利。

四、现代学徒制与中国职业教育发展的契合

现代学徒制的开展一方面可以推进职业教育精准服务经济社会发展；另一方面也可以推动教育体系与产业经济体系互动发展，提高技术技能人才培养质量，是推进现代职业教育体系建设的重要战略抉择。随着"中国制造2025"与"互联网＋"的深入推进，我国经济社会的发展已经进入一个新的阶段，对人才的需求也产生了新的变化，日益需要高职院校培养出不仅能够胜任当前工作岗位需求，而且能够应对未来工作世界不断变化发展的高素质技术技能型人才，这一变化无疑对当前高职院校的人才培养模式提出了全新的挑战，而"现代学徒制"作为在西方国家取得了较好人才培养效果的培养模式，已经被实践证明是一种行之有效且符合职业教育规律的人才培养模式。因此，推进现代学徒制无疑是进入"后示范"时期高职院校突破发展瓶颈，实现内涵提升的关键路径。

近年来，我国也开始在部分职业院校对现代学徒制进行试点工作，并针对我国国情给予了一些政策性引导。早在2013年，国务院发布的《中共中央关于全面深化改革若干重大问题的决定》中，就提出要加快现代职业教育教学体系建设，深化产学融合、校企合作。针对此决定，教育部出台了《关于开展现代学徒制试点工作的意见》。

当前，我国劳动力市场上供求结构性矛盾日益凸显，一方面社会经济发展和产业升级急需大量高素质技术技能人才，另一方面很多中职学生找不到合适的工作或在低端工作岗位徘徊。造成这一矛盾的原因在于中职培养的人才不能满足企业用工和产业升级的实际需要。其根源在于现行的众多人才培养模式无法从根本上解决理论与实践割裂、知识与能力脱节的问题，造成中职教学与产业脱节的现实困境。解决上述问题的途径是提高人才培养质量，而其关键是改革人才培养模式。

现代学徒制是在改革传统学徒制的基础上建立的，是解决以上矛盾有效途径，国家大力倡导中职学校进行现代学徒制人才培养模式的实践探索。现代学徒制从其作为一种人才培养模式（学习模式）的特征来看，其采用的通过"以师带徒"为主要方式提高学生实践能力培养的人才培养理

念，是可以在中职校人才培养的很多环节，以不同的方式引入并加以应用的。通过"以师带徒"的方式而起到对学生的职业观念的转变、职业素质的提升、职业技能的提升等均能起到有益的作用。因此，大力加强校企合作，工学结合，将"以师带徒"为核心的"现代学徒制"人才培养方式引入中职教育人才培养模式改革、提高中职教育质量是中职改革的迫切需要，是解决技能人才培养瓶颈的必由之路。

如何将中职校学校教育和工作现场的职业培训相整合形成现代学徒制人才培养模式，仍然是现代学徒制面临的一大难题，现目前国内中职学校还没有成熟的做法，把现代学徒制人才培养理念转化为成熟的实践模式还需试点探索。

随着全球竞争加剧，我国经济的转型升级与产业结构的优化调整也不断加快，企业的技术革新将会加快，创新能力将会提高，这对员工的创新能力和综合素质提出了更高要求。但是，当前我国劳动力市场上供求结构性矛盾日益凸显，一方面社会经济发展和产业升级急需大量高素质技术技能人才；另一方面很多中职学生找不到合适的工作或在低端工作岗位徘徊。中职教育如何培养出满足企业需求的技能型人才，以更好地适应"工业 4.0"和"中国制造 2025"的发展需要，成为现代职业教育的挑战。世界著名职业教育专家福斯特教授在 20 世纪 60 年代提出："学校固有的且又自身难以克服的缺陷，决定了学校本位的职业教育最终难以避免失败的命运。"现行的众多中职人才培养模式不注重知识在工作场景中的应用，在培养人的创新能力和综合职业能力上显现出诸多弊端，高质量的"校企合作"成为国际职业教育发展的主流，也将是我国职业教育发展的必然选择。

目前我国职业教育实行的"校企合作、工学结合"模式在人才培养方面发挥了一定的积极作用。但由于缺少满足各方面利益需求的机制而导致国家与地区层面缺乏制度保障、学校与企业缺乏合作和管理机制、工学结合缺乏有效的教学组织形式和机制，因而校企合作难取实效。中职教育的内涵随着产业升级和结构优化也在发生变化，在人才培养岗位定位为"高素质劳动者和技能人才"，中职人才培养质量如何适应"工业 4.0"和"中国制造 2025"的发展需要，成为现代中职教育的挑战，是一个迫在眉睫需要研究的课题。

现代学徒制作为一种合作教育制度，将传统学徒培训与现代学校职业教育相结合，可能成为破解企业参与职业教育积极性不高难题、优化中职人才培养模式、提高中职人才适应社会发展水平以及完善企业用工制度的最佳途径。《国家中长期教育改革和发展规划纲要（2010－2020年）》明确提出要"调动行业企业的积极性"，"建立健全政府主导、行业指导、企业参与的办学机制，制定促进校企合作办学法规，推进校企合作制度化"，这为现代学徒制的推行提供了有利的政策环境。2014年5月，国务院下发了《关于加快发展现代职业教育的决定》（国发〔2014〕19号），要求"推进人才培养模式创新"，"开展校企联合招生、联合培养的现代学徒制试点，完善支持政策，推进校企一体化育人"，现代学徒制的发展获得了强有力的政策支持和制度保障。

我国随着社会经济的发展和现代职业教育的需要，国内对"现代学徒制"进行了不同形式的探索和实践，并积极倡导开展校企联合招生、联合培养的现代学徒制试点。翟海魂的专著《发达国家职业技术教育历史演进》里阐述了传统学徒制、行业学徒制及近代各国学徒制的发展。徐国庆在著作《职业教育课程论》中第二章"现代职业教育课程理论的形成"中对学徒制的历史进行了大致梳理，阐述了学徒制的教育过程及其特点，并分析了学徒制对现代职业教育课程的重要启示以及"学徒制在当代复制的可能性"。叶东等认为现代学徒制是产教融合的基本制度载体和有效实现形式，也是国际上职业教育发展的基本趋势和主导模式。国内从2006年起进行了现代学徒制探索与实践。2006年江苏太昌健雄职业技术学院与德国企业合作，形成了本土化"定岗双元制"高职学历人才培养模式；2011年宁波北仑职业高级中学以协议的方式开始试行中职教育学历的现代学徒制教学；广州技师学院与企业合作探索非学历技工培训取得了一定成效；2010年6月，新余市委、市政府拟投资60亿元规划建设江西职业教育园区，在园区构建现代学徒制实验基地。

与国外相比，我国现代学徒制研究时间偏短、研究者数量较少，现代学徒制人才培养模式的相关研究尚不成规模和体系。已有研究多是对高职院校如何开展现代学徒制作了宏观的理论构想或顶层设计，从政府、学校、行业、企业等主体出发分析相互关系；实践领域的应用和探索多是对英国、德国、澳大利亚、瑞士等国家现代学徒制模式的直接"复制"，缺乏根据"国情""校情"的本土化转换。而国内的成功试点也还缺乏推广试验前的效度检验。诸如如何使中职校特别是农村中职校校企合作机制畅通、实施现代学徒制专业或岗位条件，实施"双主体"教学组织、实现学生的"双重身份"、使工学交替学习结构性强等此类的问题仍需要进行深入的研究和探索，这也为本研究的开展留下了余地。

第二节　成渝地区双城经济的唱响

"十四五"时期，成渝地区双城经济圈建设迎来关键机遇期。《中共中央关于制定国民经济和社会发展第十四个五年规划和二〇三五年远景目标的建议》在"推进以人为核心的新型城镇化"一节中，唯一明确涉及具体区域的发展任务就是"推进成渝地区双城经济圈建设"，并且与"建设现代化都市圈"和"推进以县城为重要载体的城镇化建设"编列在一起，为双城经济圈建设赋予了多个层次的城镇化任务。贯彻落实党中央战略部署，在成渝地区双城经济圈建设中探索不同层次的新型城镇化发展路径，需要遵循新发展阶段和新发展格局要求，以多元化的产业功能布局为支撑，实现高质量发展。

四川、重庆山水相连、人文相亲、产业相近。自西部大开发以来，川渝两地的合作就在不断深化。早在2018年下半年，关于成都东进和重庆西拓之间协调关系的话题就曾引起广泛关注。

成渝地区具有悠久的人文历史，在古代和近代史中，一直为四川地区两大经济中心，地域上的临近使得两地自古联系紧密。重庆开埠以来，经济活力得以释放，手工业和商业的升级使得重庆地区率先走向了工业化的道路；抗战时期，政治中心西迁，川渝地区得以在政治、军事、文化的多重资源注入背景下，迅猛发展；在改革开放时期，重庆这一四川的地级市曾一度被国家列为计划单列市，在川东地区展现出巨大的经济体量和辐射能力；自 1997 年，重庆直辖之后，成渝两地逐渐成为相对独立的经济主体，两地发展的态势各自为政，重庆由于地形起伏较大，城市位于大山大川之中，大城市与大农村并行，成都由于省会资源集中，导致川东北和川东南经济发展一直低落，成渝地区的区域经济发展差异巨大。

21 世纪初期，自国家提出西部大开发战略，成渝城市群首次得以以整体经济单元服务全国经济发展的全局。优越的地理区位、丰富的自然资源、健全的交通体系，使得成渝地区在区域协调发展的探索和西部重要增长极的培育背景下，拥有无限的潜力和机遇。在开放性经济不断扎根发展的过程中，成渝城市群对外开发的格局不断扩大，内陆开放高地建设不断推进，与欧洲外贸市场的经济往来使得成渝城市群成为中国西部独特的开放性经济单元。

一、成渝城市群规划发展历程

成渝城市群相关规划及区域治理体系的发展大致经历了三个阶段：

雏形萌芽时期：2003 年。国家发改委宏观研究院发布《协调空间开发秩序和调整空间结构研究》的研究报告，指出："成渝地区是我国西部地区人口与城镇数量最密集区域，也是西部地区工农业生产最为发达区域。建议加快整合成渝地区，使重庆增长极转化整合成一条巨大的增长轴，并使此增长轴具有两个单增长极所不具有的功能。"2003 年，中国科学院地理科学与资源研究所《中国西部大开发重点区域规划及前期研究》中提出"积极构建成渝两大都市为中心的中国西部最大的双核城市群，形成西部大开发的战略支撑点，西部地区人口、产业、信息、科技和文化等集聚中心，长江上游经济带的核心"，在国家层面初步形成成渝城市群的设想与雏形。

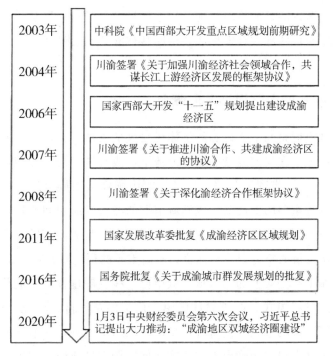

图1-2　成渝城市群规划发展主要历程

探索完善时期：2004—2008 年。川渝两省及国家发改委分别就成渝经济区的设想实行具体一体化对策及框架提出，如《关于加强川渝经济社会领域合作，共谋长江上游经济发展的框架协议》《关于推进川渝合作，共建成渝经济区的协议》《西部大开发"十一五"规划》《关于深化成渝经济合作框架协议》等规划协议，明确提出共建成渝经济区、打造中国经济增长"第四极"目标，形成带动和支撑西部大开发的战略高地。2006 年，国家西部大开发"十一五"规划中明确提出建设成渝经济区，这也标志着成渝城市群区域规划发展体系的逐步成熟。

顶层设计时期：2011 年 5 月 5 日。《成渝经济区区域规划》正式得到批复，2016 年，国家发改委编制《成渝城市群发展规划》获得国务院批复，而在 2020 年 1 月中央财经委员会第六次会议上，习近平总书记对成渝地区提出了最新的发展指引，通过推动成渝双城经济圈的建设进一步联动成渝城市群的整体发展，由此成渝城市群正式上升为国家级城市群，通过协调发展战略布局，有利于发挥比较优势，在西部形成高质量发展的重要增长极，打造内陆开放战略高地，对于推进"一带一路"建设、长江经济带发展和新时代西部大开发形成新格局具有重要支撑作用。

二、成渝城市群规划发展概念

成渝城市群是西部人口和经济体量最大的板块，在西部大开发中具有举足轻重地位，在当前复杂的国际形势下，成渝城市群将参与承担"一带一路"、长江经济带国家战略，以及拓宽中国经济回旋余地、拓展中华民族战略纵深等重要历史使命。成渝城市群的经济发展空间非均衡性和区域治理的阶段历程，使得其内部的经济空间存在独特的演变特征，对成渝城市群的经济发展时空差异进行研究，有着重要的理论和实际意义。

成渝城市群是典型的"双核"城市群，在发展过程中不能简单套用其他城市群的发展模式。而成渝地区由于历史沿革、自然环境、资源禀赋、区位条件等因素的不同，使得各个城市发展水平不一，区域发展不平衡较为明显。十九大报告明确提出"实施区域协调发展战略，加大力度支持革命老区、民族地区、边疆地区、贫困地区加快发展，强化举措推进西部大开发形成新格局，建立更加有效的区域协调发展新机制，以城市群为主体构建大中小城市和小城镇协调发展的城镇格局"。在当前复杂的国内国际形势下，成渝城市群对全国和区域的经济协调发展负有历史使命，通过让成渝在中国内陆地区率先发展起来，来探索寻找可行的区域协同发展解决方案，为中国广大中西部发展不平衡地区提供内陆经济发展范本，共同解决中国区域发展不平衡、不充分的问题。

从"一般均衡"的视角看，这也有利于减少我国经济发展中东西部发展的不平衡问题，促使各种要素和商品的合理流动在全国范围内获得更优化配置。于是，在我国西部地区拥有最好自然条件和基础设施水平的成都和重庆这两座城市，就肩负起西部崛起这一"挑大梁"的重任了。

2011年《成渝经济区区域规划》出台，到2016年《成渝城市群发展规划》印发，再到确定"成渝地区双城经济圈"，成渝两地一体化发展理念贯穿始终。

当任意两个都市圈在空间上出现了边界的重叠，即预示着经济联系的交叉，区域经济空间在纵深层面进一步耦合，城市群就开始形成，并随着区域一体化的加深，区域社会经济联系的进一步深入，更多的都市圈涌现并在空间上关联而耦合，城市群的空间范围便逐渐扩大。一般来说，在我国省区范围内，省会城市或自治区首府是本省区内经济体量和人口规模最大的城市，随着城市规模扩大，都市圈的辐射范围越大，从而与周边城市产生竞争和合作，经济联系越来越密切。城市群的形成，首先以省会城市、首府城市或副省级及直辖市为核心，通过推进交通、通信等基础设施网络建设，强化与周边城市的经济联系和功能分工，发展形成现代化都市圈，之后，在都市圈外培育发展区域性中心城市，加强产业集聚和人口集中，最后，都市圈与周边城市圈实现空间耦合甚至功能耦合，从而形成城市群。

推进成渝城市群协调发展，是新型城镇化发展背景下统筹全国区域城乡协调发展的重要课题。2011 年 5 月和 2016 年 3 月，国务院先后正式通过《成渝经济区区域规划》和《成渝城市群发展规划》，成渝城市群在继长三角、珠三角、长江中游城市群后，成为获中央批复的第四个城市群，城市群发展轨迹向国家级战略部署不断迈进。2018 年 6 月川渝两地政府签署《深化川渝合作深入推动长江经济带发展行动计划（2018－2022 年）》，标志成渝两地相向发展步伐的加速。2019 年 4 月发改委印发的《2019 年新型城镇化建设重点任务》中提出，要扎实开展成渝城市群发展规划实施情况跟踪评估，制定成渝城市群高质量发展决策部署，着力将其培育成西部经济发展的新增长极。

2019 年 7 月，在推进川渝经济社会发展全面合作座谈会上，四川和重庆签署了包括《深化川渝合作推进成渝城市群一体化发展重点工作方案》《关于合作共建中新（重庆）战略性互联互通示范项目"国际陆海贸易新通道"的框架协议》2 个重点工作方案（协议）和《共建合作联盟备忘录》在内的"2＋16"个协议（方案）；同月，重庆两江新区党政代表团赴四川天府新区考察，谋划推动新一轮的产业规划、城市规划、开放规划和创新规划；10 月，《成都市推进西部陆海新通道建设促进南向开放合作三年行动计划（2019—2021 年）》印发，提出加快建设成都天府新区、自由贸易试验区和重要口岸……成渝两地相向而行、协同发展脚步愈发坚定。

2020 年 1 月 3 日下午召开中央财经委员会第六次会议，研究要推动成渝地区双城经济圈建设，在西部形成高质量发展的重要增长极。2020 年 10 月 16 日，中共中央政治局召开会议，审议《成渝地区双城经济圈建设规划纲要》。会议指出，当前我国发展的国内国际环境继续发生深刻复杂变化，推动成渝地区双城经济圈建设，有利于形成优势互补、高质量发展的区域经济布局，有利于拓展市场空间、优化和稳定产业链供应链，是构建以国内大循环为主体、国内国际双循环相互促进的新发展格局的一项重大举措。

成渝地区双城经济圈位于长江上游，地处四川盆地，东邻湘鄂、西通青藏、南连云贵、北接陕甘，是我国西部地区发展水平最高、发展潜力较大的城镇化区域，是实施长江经济带和一带一路战略的重要组成部分。纵向来看，在中国区域发展板块上，成渝地区一直举足轻重：2011 年，国务院批复，国家发展改革委印发《成渝经济区区域规划》，明确要求把成渝经济区建设成为西部地区重要的相对经济中心，在带动西部地区发展和促进全国区域协调发展中发挥更加重要的作用；2016 年，国家发展改革委、住房和城乡建设部联合印发的《成渝城市群发展规划》，明确了该城市群的历史定位：西部大开发的重要平台，长江经济带的战略支撑，国家推进新型城镇化的重要示范区。同时，还明确了两个时间节点：到 2020 年，成渝城市群要基本建成经济充满活力、生活品质优良、生态环境优美的国家级城市群；到 2030 年，成渝城市群完成由国家级城市群向世界级城市群的历史性跨越。2019 年 3 月，国家发展改革委员会印发了《2019 年新型城镇化建设重点任务》，其中将成渝城市群与京津冀城市群、长三角城市群和粤港澳城市群并列，研究提出支持成渝城市群高质量发展的政策举措，培育形成新的重要增长极。2020 年 1 月 3 日，中央财经委员会第六次会议明确提出，要推动成渝地区双城经济圈建设：使成渝地区成为具有全国影响力的重要经济中心、科技创新中心、改革开放新高地、高品质生活宜居地，打造西部高质量发展重要增长极。横向来看，《2019 年新型城镇化建设重点任务》明确将成渝城市群与京津冀城市群、长三角城市群和粤港澳城市群并列。在此背景下，成渝地区无论是经济总量还是区位条件，在西部地区都具有领先优势，抓住了这个关键，就能带动整个西部，进而推动全国的协调发展。[①]

培育发展成渝地区双城经济圈，有利于引领中国西部地区发展，拓展全国经济增长新空间；有利于发挥沟通西南西北、连接国内国外的独特区位优势，推动长江经济带和丝绸之路经济带战略契合互动；有利于探索西部地区新型城镇化模式，引导1亿人口在中西部地区就近城镇化，是国家推进新型城镇化的重点区域，在中国区域发展格局中占有重要地位。中国宏观经济研究院国土开发与地区经济研究所城镇发展室主任、研究员欧阳慧接受《每日经济新闻》记者采访时表示："需要充分发挥成都、重庆核心城市优势，推进资源要素的圈域整合，加快与周边地区的一体化进程，引导产业分工协作，打造引领成渝地区双城经济圈发展的双引擎。"

中央财经委员会第六次会议指出：推动成渝地区双城经济圈建设，有利于在西部形成高质量发展的重要增长极，打造内陆开放战略高地，对于推动高质量发展具有重要意义。要尊重客观规律，发挥比较优势，推进成渝地区统筹发展，促进产业、人口及各类生产要素合理流动和高效集聚，强化重庆和成都的中心城市带动作用，使成渝地区成为具有全国影响力的重要经济中心、科技创新中心、改革开放新高地、高品质生活宜居地，助推高质量发展。会议强调，成渝地区双城经济圈建设是一项系统工程，要加强顶层设计和统筹协调，突出中心城市带动作用，强化要素市场化配置，牢固树立一体化发展理念，做到统一谋划、一体部署、相互协作、共同实施，唱好"双城记"。要加强交通基础设施建设，加快现代产业体系建设，增强协同创新发展能力，优化国土空间布局，加强生态环境保护，推进体制创新，强化公共服务共建共享。[②]

翻开我国经济地图不难发现，从中心城市间人流、物流、资金流、信息流联系强度和空间分布看，地处长江经济带的成渝地区双城经济圈与沿海沿江的京津冀、长三角、粤港澳大湾区已成为我国"T"字形经济空间的主动力。

---

①袁城霖，梁现瑞，王眉灵. 双城经济圈 成渝新期待 [N]. 2020—02—04 (02).
②中华人民共和国中央人民政府. 习近平主持召开中央财经委员会第六次会议 [EB/OL]. (2020—0103) [2021—02—09]. http：//www. gov. cn/xinwen/2020—01/03/content _ 5466363. htm.

具体来说，建设双城经济圈，核心就在于要突出成都、重庆两个中心城市带动作用，以两个极核的作用来带动整个成渝地区乃至西部地区的发展，促进产业、人口及各类生产要素合理流动和高效聚集。

发展成渝双城经济圈，需要充分发挥成都、重庆核心城市优势，推进资源要素的圈域整合，加快与周边地区的一体化进程，引导产业分工协作，打造引领成渝地区双城经济圈发展的"双引擎"。国家发改委国土开发与地区经济研究所城镇发展室主任、研究员欧阳慧表示，"成渝双城经济圈"中，重庆经济圈要加快推进重庆主城区与周边城市的同城化发展，大力促进产业发展、基础设施建设、生态环境保护和市场体系建设的一体化进程，打造吸引人口和生产要素集聚的大平台，全面提升核心竞争力和辐射带动作用；而成都经济圈要支持成都建设现代化、国际化大都市，强化成都对周边地区的资源整合，共同打造带动全省、辐射西部、具有国际影响力的现代化经济圈。

成都和重庆不仅可在文化旅游、物流、商贸、基础设施等方面互联互通，还可以在高端制造业、现代服务业、金融服务业，以及健康、养老等方面协同发展。这两个中心城市都有辐射及外溢效应，因此，可推动周边城市群、城镇化的发展，西部地区农村城镇化任务还很繁重，中心城市跟周边卫星城市，以及广大的农村地区，发展不平衡尤为突出。双城携手可增强整个西南地区经济发展的竞争力，对整个西南地区经济发展至关重要。

陆海新通道与长江黄金水道贯通发运的辐射能力，为成渝地区提供更加健全的物流通道服务；推进自贸试验区经验共享、政策互通，谋划保税、金融、会展等功能平台联动合作机制，共建开放平台；充分发挥两江新区开放型产业的集群链条，在汽车、电子信息等产业加强人才、资金、技术、市场等方面的深度合作，共融开放经济；推动如自贸试验区法院等国际化城市配套、国际化营商体系共享互学，共搭开放环境；充分发挥两江新区开放合作的国际资源，共同整合在国别产业园、外资企业、涉外机构等元素，联合开拓"一带一路"沿线国家在经贸往来、人文旅游、友城联动等方面的国际交往互动，共推开放合作，而这些均需要各类优质职业人才的支撑才能实现。

第三节　大英职校的发展需求

　　大英职中地处遂宁市大英县，位于成都平原经济区，区域优势明显：有四川省政府政策支持；达成铁路、沪蓉（成南）高速公路横贯大英县，成渝环线高速公路与沪蓉（成南）高速公路纵横相交，经济区内交通便捷，将发展城际轨道交通，建设绵遂内铁路、成都经济区环线高速公路、成都天府国际机场高速公路等城际快速通道；区域经济发达，成都大经济圈工业发达，贸易繁荣，基础设施完善、科研机构和人才集中。

一、大英职校的发展现状

　　四川省大英县中等职业技术学校始建于 1957 年，2006 年迁入育才中学，成为一所融学历教育、短期培训、技能鉴定和社区教育为一体的新型中等职业学校。2011 年创建为国家级重点中等职业学校，2015 年创建为国家中等职业教育改革发展示范学校，2017 年承担省综改办"现代学徒制探索实施"项目验收通过，2018 年汽车运用与维修专业申报为省级示范专业。学校占地面积 5.7 万平方米，现有在校生 2474 人，教职员工 169 人，开设专业 12 个，本年度汽车运用与维修专业（新能源）顺利通过省级示范专业中期督导检查工作。

　　大英中职校是国家级重点中等职业技术学校，是第二批国家改革发展示范项目建设学校。学校开设有机械加工技术、电子电器应用与维修、汽车运用与维修、服装设计与工艺等八个重点专业，现有在校学生 3100余人。

　　自 2015 年 7 月我校承担第二批四川省教育体制综合改革试点项目（探索现代学徒制试点）以来，学校按照《教育部关于开展现代学徒制试点工作意见》（教职成〔2014〕9 号）、《关于开展现代学徒制试点工作的通知》（教职成司〔2015〕2 号）文件精神，以《大英县中等职业技术学校现代学徒制试点任务书》为指南,以《四川省教育改革试点项目评估验收指标》为导向,与遂宁英创力电子有限公司一道潜心探索现代学徒制机制体制建设,取得了明显成效。学校坚持以立德树人为根本,以服务发展为宗旨,以促进就业为指导,落实国务院《国家职业教育改革实施方案》和省政府《四川省职业教育改革实施方案》要求,紧密结合四川"5+1"、遂宁"5+2+1"和大英"3+1+1"产业战略规划,以探索省级"现代学徒制试点"项目为契机,全面创新人才培养模式,推进职业教育快速发展。

学校领导班子坚持"职高做强"的发展策略,设置"对口高职""中高职衔接""技能就业"三条人才培训路径。育才中学与大英中职校以"资源共享、课程共建、教师互动、学籍互转"为重点,转变育人方式,探索普职融通办学模式。与成都工职院、四川信息职业技术学院联合办学,实施"3+2"贯通培养。每年通过对口高职升入本科近70人,通过中高职衔接升入专科300余人,通过技能学习实现就业200人,真正兑现"低进高出,高进优出,人民满意"教育承诺。

学校先后获全国职业教育先进单位、全国艺术教育先进单位、四川省青少年科技教育示范学校、四川省藏区免费中等职业教育先进集体、遂宁市技能大赛团体一等奖等多项称号。

学校占地面积57291平方米,建筑面积43491平方米,教学及辅助用房面积25862平方米,校内实训用房面积13994平方米,学生宿舍面积13153平方米,生均建筑面积17.58平方米,生均宿舍面积5.32平方米;教学实训设备总价值2986.91万元,固定资产达到7933.06万元。校园分布规整,设计科学,结构合理,功能齐全,土地利用率高;校园环境清幽典雅、文化氛围浓郁,是学生成人、成才、成功的理想园地。

学校现开设有淡水养殖、机械加工技术、电子电器应用与维修、石油炼制、汽车运用与维修、计算机应用、会计、旅游服务与管理、服装设计与工艺、物联网工程技术、工业机器人技术应用、幼儿保育12个专业。

学校现有教职员工169人,在编教职工165人,行业企业兼职教师4名,专任教师93人,其中公共基础课专任教师44人,专业课专任教师49人;双师型教师24人,占专业课专任教师比例达到48.9%,生师比为26.6∶1,略高于中等职业教育学校标准要求。学校93名专任教师中具有

本科学历教师 90 人，占比达到 96.8%，本科以下学历教师 2 人，具有研
究生学历教师 1 人；专任教师中高级职称教师 28 人，中级职称教师 35 人，
初级职称教师 22 人，未评职称教师 8 人。专任教师职称结构分布详见表
1-1。

表 1-1　专任教师职称结构分布汇总表

学年	高级职称		中级职称		初级职称		未评职称	
	人数	占比	人数	占比	人数	占比	人数	占比
2019—2020	28	30.1%	35	37.6%	22	23.7%	8	8.6%

学校专任教师结构合理，老、中、青教师形成了较为科学的教师发展
梯队，为提高学校教育教学质量提供了师资保障。其中 35 岁以下教师 20
人，36～45 岁教师 25 人，46～55 岁教师 41 人，56 岁以上教师 7 人；男
教师 58 人，女教师 35 人。本年度学校专任教师年龄结构变化情况见图
1-3。

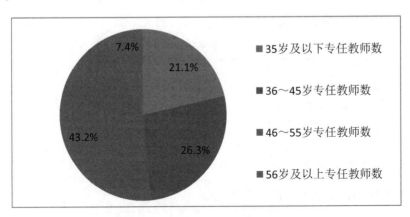

图 1-3　教师年龄结构分布示意图

学校坚持"普高做精，职高做强"的发展策略，坚持"差异教育、特
色发展、多元成长"的办学追求，设置"对口高职""中高职衔接""技能
就业"三条人才培训路径。育才中学与大英中职校以"资源共享、课程共
建、教师互动、学籍互转"为重点，转变育人方式，探索普职融通办学模
式。以"立身有信度，就业有优势，升学有基础，创业有能力"为培养目

标，确定了"文化升学、艺体升学、高职升学"三条特色渠道，育人成效
显著，学生就业质量得到家长和社会的一致好评。

按照"一专一企"校企合作思路，学校积极探索校企合作与产教融
合，不断搭建学生成才就业立交桥。汽修、机械专业引入南方宝和入校办
厂，共建"校中厂"产教融合的生产性实训基地。与四川盛马化工合作，
开设石油炼制专业，组建订单培养班，培养石油炼制的技能型人才；与四
川环球丝旅奇幻城合作，探索现代学徒制的人才培养模式，培养旅游服务
技能型人才；与遂宁品信汽贸合作，校企双方人员互聘共用，订单培养汽
修技能人才。通过校企合作建立并完善了校内外实训基地，"双师型"教
师的操作能力明显增强，办学条件更加完善。

学校把中高职衔接纳入人才培养体系，推进中高职衔接教育，现已通
过 2020 年中高职衔接五年贯通培养申报工作，获得"五年贯通培养"资
格，开启了院校合作中高职衔接新模式。与成都工职院、四川信息职业技
术学院联合办学，实施"3+2"贯通培养。每年通过对口高职升入本科近
70 人，通过中高职衔接升入专科 300 余人，2020 年学校就业各项指标数据
与上年对比情况见表 1-2。

表 1-2　2019－2020 学年学生就业情况统计表

指标	2019 年	2020 年	增减率
毕业生初次就业率（％）	97	95	－2.11
专业对口就业率（％）	100	100	—
顶岗实习半年以上稳定率（％）	92	96	4.17
初次就业月平均收入（元）	3500	3800	7.89
自主创业率（％）	2	4	50

学校结合自身特点，围绕"教育观念要有新跨越，学校管理要有新举
措，校园建设要有新变化，教育质量要上新台阶"的工作思路，坚持"以
质量为导向，自我保证，多元诊断，逐步提升"的工作方针，落实学校办
学主体责任，完善内部质量保证体系和人才培养质量机制，积极探索构建
多元质量评价体系，把行业规范和职业标准作为学校教学质量评价的重要

依据，把社会和用人单位的意见作为教育质量评价的重要指标。创新教学质量评价制度，建立了全面综合的人才培养质量评价标准，强化教学诊断与改进工作，完善多方参与的可信度高的育人绩效评价制度。目前，学校建立了一套较为完整的教学管理体系，包括：教学目标管理、教学课程管理、教学计划管理、教学过程管理和教学质量评估管理等，以保证教学质量。通过开展督导评课、系部评教、教师互评、学生评教等进行质量评价；通过问卷调查、数据收集和统计分析等方式对本专业人才培养的社会需求情况、毕业生及家长满意度进行跟踪测评。持续开展教学诊断与改进工作进行自我评价，基本构建了多元的质量评价体系。学校五层面周期性诊断与改进工作正逐步成为常态；一页纸计划管理的完整"两链"正在逐步完善；初步构建依托数据平台的质量预警机制。

二、大英职校的发展目标

学校全面贯彻党的教育方针，以立德树人为根本，以服务发展为宗旨，以促进就业为导向，创新人才培养模式，注重学生职业发展能力培养，以增强学生就业创业能力为核心，全面提高人才培养质量。

一是规范日常管理，完善队伍建设，鼓励学生投身创新创业活动。将创新创业工作的日常管理制度化、规范化，通过举办讲座等活动，指导学生创新创业活动，对学生进行创新创业教育。

二是高度重视素质教育、创新教育、创业成才教育。学校在学生培育中开设了创业训练课程，实施分阶段的就业创业教育。对一年级学生，重点培养就业创业意识，尽早树立就业创业观念；对二年级学生，重点培养遵章守纪的意识、艰苦奋斗精神和职业规划能力；对毕业班学生，通过顶岗实习，实施开放式的就业创业实践教学，训练操作技能、社会适应能力，为毕业生就业打下了坚实基础。

三是重视宣传力度和信息平台的拓宽。学校及时对各类创新创业活动的实时动态进行报道，让广大学生能够在第一时间了解学校在创新创业活动方面取得的成绩，增强学校创新创业的氛围。

（一）专业动态调整

为服务地方产业转型升级，学校主动建设与产业结构相适应的专业体系，对现有专业进行"2停2控4增"动态调整，停办石油开采和铁道运输管理两个专业，适度控制电子和服装专业的招生规模，新增物联网应用技术、工业机器、石油炼制和幼儿保育专业。同时，学校根据县委县府经济发展和产业转型总体规划，在现有省级示范专业（汽修）和三个市级重点专业（旅游、计算机、机械）基础上，组建信息服务类、农林牧鱼类、加工制造类专业群。信息服务专业群主动与环球丝路文旅中心等企业对接，农林牧鱼类专业群主动与农业产业园区及村社对接，加工制造类专业群主动与机电产业园区企业对接，深化校企合作，服务产业脱贫，服务地方经济。

学校现开设有淡水养殖、机械加工技术、幼儿保育、石油炼制、汽车运用与维修、计算机应用、会计、旅游服务与管理、服装设计与工艺、物联网工程技术、电子电器应用与维修、工业机器人技术应用12个专业，其中一产类专业1个，二产类专业5个，三产类专业6个，围绕地方支柱产业的专业有5个。汽车运用与维修专业（新能源方向）正有序推进省级示范专业建设，通过省级中期督查验收，并被列为首批"1＋X"证书制度试点；机械加工技术、旅游服务与管理、计算机应用技术专业已被评审为市级重点专业。

（二）教育教学改革

学校以省示范专业建设为引领，以教学诊改为抓手，以内涵建设为重心，以教学模式改革为举措，构建教学质量保障体系，加强教育教学常规管理，创新人才培养模式，深化课程改革，落实教学任务，提高教学质量。学校本着"正视学生现状，关注学生未来，发展学生特长，助推学生成长"办学思想，根据学生差异发展现状，实施分层教学、分类推进，确立"文化、艺体、高职"三条升学渠道，为不同层次、不同需求学生提供成功升学平台，从而全面提高教学质量。

一是实施分层教学。进一步细化人才培养措施，加强人才"分层"培养课程建设。二是深化"学做交融"动态课堂教学模式改革。营造"生动、互动、能动"教学场景，收到明显成效。三是探索"专业技能、公共基础＋集训统考"考核模式，加强对课堂教学的监管与考核。

本年度学校"9＋3"单招再创辉煌，共有 35 人报考，上线 35 人，上线率达 100％，远超省教厅规定的正常比例 85％。学校持续强化教学监督日常工作，校领导人均听课 15 节，人均上课 40 节。学校 100％使用教育部教材目录教材，开发校本教材 2 本；教师教学质量考核结果良好，合格率 100％。学校积极配合开展遂宁市对学校文化课的质量检测工作，其中语文课检测合格率 98.3％，数学课检测合格率 93.7％，英语课检测合格率 87.4％，与上年相比有所提升。

（三）教师培养培训

本学年度，学校领导以"管作风，重实干"为指导思想，严管与厚爱并存，狠抓教师队伍建设。一是利用会前学法、幸福沙龙和专题讲座，增强全体教职工法律意识及管理理念。二是通过课堂观摩、课题研究、经验交流等形式，切实开展教学研究。三是通过"名师工作室"示范效应，扎实开展教科研活动。四是推进"一师一优课，一课一名师"工作，助推课程标准建设。五是落实师德师风"两表一志一案例"管理，推动良好师德风尚形成。六是坚持开展"感动学生的老师"和"爱生之星"评选活动，不断激发教师创优争先激情。七是落实"送出去，请进来"及校本培训机制，多角度、多层次提升教师素质。

2020 年 5 月，在大英县第二届"大美中国·美育遂宁"教师艺术作品展评活动中，4 人获一等奖，4 人获二等奖，两人获三等奖；在 2020 市县中小学德育工作先进集体、先进个人评选活动中，1 人获市中小学德育工作先进个人，中职校获县中小学德育工作先进集体，2 人获县中小学德育工作先进个人。

本年度学校安排了 93 名专任教师参加县级培训，90 名教师参加市级培训，7 名教师参加了省级培训，22 名教师参加了国家级培训，与上年相比，本年度加大师资培训力度，派遣教师人数、培训课时均较上年有较大增幅；本年度学校用于教师培养培训经费占教师工资总额的比例为 5.1％。

本年度学校以国家、省、市等各级各类教师技能大赛为契机，以赛促练，促进教师专业水平的强化与提升，在各级大赛中取得优异成绩。

学校本着"正视学生现状，关注学生未来，发展学生特长，助推学生成长"办学思想，根据学生差异发展现状，实施分层教学、分类推进，确立"文化、艺体、高职"三条升学渠道，为不同层次、不同需求学生提供成功升学平台，从而全面提高学校教学质量。

一是实施分层教学。进一步细化人才培养措施，加强人才"分层"培养课程建设；二是深化"学做交融"动态课堂教学模式改革，营造"生动、互动、能动"教学场景，收到明显成效；三是探索"专业技能、公共基础＋集训统考"考核模式，加强对课堂教学的监管与考核；四是探索学生毕业评价模式；五是修订学校章程，制定学校"十三五"规划，制定15个子规划（包括部门子规划），打造学校发展目标链；制定专业建设规划，落实学校发展目标，打造专业建设目标链；按照《国家精品课程建设规划》《省级精品课程建设规划》《市级精品课程建设规划》，制定《学校在线开放课程建设规划》，构建四级课程目标链；制定个人发展规划，形成从学校到个人上下贯通的四级发展目标链。

基于提高农村中职校人才培养质量的思考，对国内中职人才培养模式的调查和国外"现代学徒制"人才培养模式先进经验借鉴基础上，从专业设置、课程建设、教学组织和师资队伍建设等内涵要素的提升上入手，构建学校主导、校企"双主体"、具有区域特色的现代学徒制的有效运行机制。

通过文献分析，结合国家相关政策要求，了解当今国内外现代学徒制人才培养模式运行状况及构成因素；研究中职学校在实施现代学徒制人才培养过程中，如何实现质量、规模、效益上的均衡发展；研究基于现代学徒制人才培养的专业设置、课程建设、教学组织、师资队伍建设等要素的建设原则、内容、主体和过程。

发展愿景

塑精品专业育实用人才创全省一流职教

社会使命	**办学理念**
办老百姓满意的职业教育	培养自主能力，领航幸福人生

办学宗旨

全面贯彻国家教育方针，提升学生才能、成就教师事业、打造学校品牌，造福地方经济发展

办学思路

以需求为导向，关注学生未来，发挥学生特长，助推学生成才

校训	**培养目标**
笃学修德　砺行精技	立身有信度，就业有优势，升学有基础，创业有能力

相关者

在校生/教职员工　学校　雇主/社会　政府机构　第三方评价机构

发展目标

加快专业升级转型　全面提升管理水平　建设师资队伍　加强特色文化建设　加强社会服务功能　深化人才培养模式改革　完善数字化校园建设　提升开放发展水平

发展策略

聚力发展龙头专业	完善质量保障体系	优化全校师资结构		健全社会服务体系	开展教学诊断加强中高职衔接	完善数字化校园管理建设	加深校校合作
打造支撑专业	改革人事分配制度	提升师资队伍综合素质水平如教师专业化水平信息化水平等	构建学校特色文化体系				
改造传统专业	突出问题专项治理行动	加大教师培训力度		大力开展社会服务项目如社会培训社区服务等	职教立交桥深化校企合作	如校园协同办公系统教学资源库等	提升学校国际化水平
增加新专业	提升管理队伍水平	加强师德师风建设	打造校园特色环境				
	提升德育管理水平	师培重点为专业化发展方向并进一步优化各专业师资结构					

支撑保障

完善常规管理制度和教学管理制度，改革人事分配制度

加大经费投入，完善教学设备，加强队伍建设，优化师资结构

完善内部管理和质量保障体系，夯实社会服务基础，全面整合服务资源

创新人才培养模式、办学模式、教学模式以及评价模式

图 1-4　四川省大英县中等职业技术学校战略发展地图

三、大英职校的教育探索

（一）依据中职学生成长规律，探索基于分段展开的"三段互渗交融"现代学徒制人才实施机制

1. 探索中职校基于现代学徒制人才培养的具体工作

一是实施现代学徒制如何设置专业、选择企业；二是招生招工策略；三是校企互动基本策略；四是确立学校主导、校企双主体现代学徒制基本内涵；五是现代学徒制管理策略。

2. 探索中职校基于现代学徒制人才培养的"三段互渗交融"模式及教学管理机制

以学生职业成长规律、学历属性、中职教育基础性为依据，探索在学校主导下基于能力递进的三段教学（专业基础能力、综合职业能力、技术岗位能力）的"三段互渗交融"现代学徒制人才培养模式的基本样式和教学组织机制，如何建立校企教学管理与运行机制、教学质量评价体系，共同对人才培养教学过程管理。

3. 基于现代学徒制的"三段互渗交融"模式的校企课程对接和课程体系的研究

如何实现"五个对接"（专业设置与产业需求对接、课程内容与职业资格标准对接、教学过程与生产过程对接、毕业证书与职业资格证书对接、职业教育与终身教育对接），是现代学徒制人才培养模式的标准。校企课程对接是落实现代学徒制下校企深度合作、工学结合的关键。在"三段互渗交融"现代学徒制人才培养模式下，重构专业课程体系是教学组织展开的基础。

4. 探索基于现代学徒制的"三段互渗交融"模式下学生学业评价体系构建

实施现代学徒制人才培养的根本目的是提高人才培养质量，但评价人才培养质量或学习质量的提高需要一套完整的体系。探索基于中职学徒制人才培养"三段互渗交融"模式下学生学业评价体系是本课题一个研究内容。

（二）探索学生实现"双身份"发展策略

作为现代学徒制中的学习主体，学生在其中拥有着双重身份——既是学校的学生又是企业的学徒。学徒身份首先就将学生界定为企业中的人，这样就可以保证学生将自身定位为企业中的员工，加强自我的归属感，从而保证自身投入的主动性和积极性。学徒的另一身份即学生的存在，又使得其不同于企业的正式员工，这主要体现在学徒在企业里所享有的薪酬及未来的发展。如何在学校主导下，有效实现学生"双身份"是本课题研究重要内容之一。

（三）探索现代学徒制下教师专业成长变化

现代学徒制的实施促使教师既是教育者（传授知识）又是受教育者（融入企业改革）。通过现代学徒制实践，让教师了解企业实际生产情况，熟悉岗位要求，提高教师的专业技能，并在今后专业教学中更贴近生产实际，实现真正的教学要求与企业需求的"零距离"接轨，从而促进教师的专业化成长，实现教师、师傅双主体育人运行机制。

（四）探索现代学徒培养模式下中职学校内涵研究

现代学徒制的实施它要求学校和企业两个主体共同承担培养技能型劳动者的责任，将学校本位的知识或理论学习与企业本位的技能学习相整合，实现中职学校在质量、规模、效益上的均衡发展，解决"工学一体"的教学场地不足、高技能师资缺乏、生均教学成本增长等问题。现代学徒制将学校教育与校外工作有机结合，体现企业参与、学校主导下的"工学结合"人才培养模式。探索农村中职校现代学徒制实施条件，走出一条真正形成"企业、学校共同参与，共同育人"的深化校企合作新路子，发挥国家改革示范校应有的作用。通过现代学徒制实践，探索中职学生培养目标定位、质量体系构建、专业课程建设、教师队伍建设、校企一体化发展等问题。

1. 形成"三段互渗交融"现代学徒制标准

专业培养标准、工作实施方案、通过学校与企业双元共同参与《人才培养方案》《专业考核标准》的制定，《课程体系和教材》的建设和《教学管理文件》的制定，形成"双元计划的探索与实践"的建设成果，探索校企深度合作制定培养计划的运行机制，实现专业与行业对接的目的，提升人才培养的实用性。

2. 形成双主体育人机制

一是形成双元招生机制。通过校企共同制定招生简章、共同进行招生宣传、共同参与招生考试与面试、共同参与招生录取工作，实现招生即招工的目的，形成二元招生的运行机制，破解中职学校招生困难的难题。二是由学校和企业共同承担教学任务。60%～70%的课程在企业中进行，30%～40%的课程在学校进行。理论课程的设计是以职业岗位工作为中心选择课程内容的，理论课覆盖了专业所需的所有理论，知识面广，深浅适度，综合性强，有利于培养学生的综合分析问题和解决问题的能力。在不同的教学地点，教学形式与内容就有所不同。通过实施校企联合开展理论教学和岗位实习指导，实现施教者的双重身份的互相交融，形成"双元教学探索与实践研究"的成果。三是双元管理探索与实践研究。校企共同参与现代学徒制版的教学管理，制定相关的教学管理和考核文件，将企业的管理制度和学校的管理制度融合起来，让学生提前适应企业的管理模式，增强学生在职业岗位工作的适应能力，包括假期加班和上夜班的工作环节的适应能力，形成"双元管理探索与实践研究"的研究成果。四是双元评价机制的探索与研究。通过实施校企联合开展学生学习过程性评价和毕业综合评价，探索中职学生就业能力评价机制，克服传统的重理论轻能力的评价弊端，以"学生—学徒—准员工—员工"四个身份能力递进和对应的工作标准，激励学生的学习积极行，形成"以工作实践能力"为核心第三方评价的"双元评价机制的探索与研究"的研究成果。五是双证就业机制的探索与实践。实施"文化理论结业证＋岗位上岗证＝毕业证"的双证模式，学生的文化理论结业，标志找学生具有中等职业学生所要求的文化和专业理论知识，具有一定的继续学习能力，体现了中等职业教育文化和专业理论知识的："中等"性；岗位上岗证的取得，标志着学生具有某中行业至少一个岗位工种的工种能力，体现了中职教育的职业合格的"职业"性。"中等"性＋"职业"性＝正式员工，实现企业就业。形成"双证就业机制的探索与实践"的研究成果。

3. 培养德技双馨人才

通过现代学徒制人才培养，充分调动学生学习积极性和企业参与的积极性，有效克服了教学内容与培养目标不相适应，产教结合逐渐分离、教学模式和方法相当陈旧等弊端。学生在校企共育下，快速成长为专业技术过硬，实践水平高，有较高职业素养的行业、企业需要的优秀员工。

4. 现代学徒制的成功经验为国家出台配套政策支持提供强有力依据

现代学徒制符合黄炎培先生"教学做合一"的教育思想体系，是符合中国国情的一种职业教育实践，是职业教育培养人才的正确途径，提出了通过现代学徒制的实施，在职业学校构建一整套更为科学合理的教育管理制度与方法的构想。通过一个研究周期的实践探索与总结，形成"中职校现代学徒制人才培养模式的实践与创新研究"的研究报告，总结出现代学徒制的成功经验，为国家出台配套政策支持提供强有力依据。

第四节　教改思路与研究基础

一、教改思路

在大英县文旅产业园区管委会的主导下，四川省大英县中等职业技术学校与四川梦回丝路文化旅游开发有限公司成功签约，签订了"丝旅现代学徒制"培养协议，在 2019 级成功组建了 29 人的"丝旅现代学徒制班"。该班的公共文化课、专业基础课均由学校教师承担教学任务，《丝路文化》以及部分专业实训课程的实践性教学任务由四川梦回丝路文化旅游开发有限公司的领导和员工承担，学生以双身份进入企业实践培训。校企合作初步探索出"三段五位六双"的现代学徒制人才培养模式（图 1-5）。

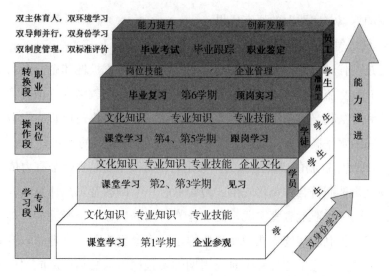

图 1-5　"三段五位六双"现代学徒制人才培养模式示意图

三段：人才培养的专业学习、岗位操作、职业转换三个阶段。

五位：指人才培养的学生、学员、学徒、准员工、员工五个能力递进。

六双：双主体育人、双环境学习、双导师教学、双身份实习、双制度管理、双标准评价。

在大英县工业集中发展区管委会的主导下，学校与四川盛马化工股份有限公司成功签约，签订了石油炼制"订单式"培养协议。校企联合招生，招生即招工，加工制造专业部 2020 级石油炼制专业招收了 33 名新生，组建了"盛马订单班"。根据盛马化工的用工标准确定"盛马订单班"的人培养目标和人才培养规格，开设了 3 门盛马订单课程，为盛马化工量身定制了《盛马订单班人才培养方案》，校企合作共同开展人才培养工作。以人才培养目标为导向，做好了"1323" 8 字螺旋订单人才培养模式的顶层设计（图 1-6）。

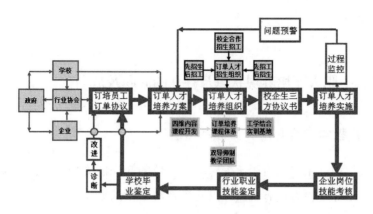

"政府主导、校行企三方协同、校企二元共育、行校企三标检测"的订单式人才培养

图 1-6　"1323" 8 字螺旋订单人才培养模式示意图

1：政府主导；3：行、校、企三方协同；2：校企二元共育；3：三标检测。

2019 年 11 月 15 日，学校与县域企业四川盛马化工股份有限公司、四川梦回丝路文化旅游开发有限公司成功签约，双方挂牌设立教学基地和专业实习就业基地，开展"订单式＋现代学徒制"合作模式，全面实施管理、实习、培训、教学合作。校企双方将以产教融合、校企合作为主线，按照企业人才规模要求设置课程，以产教融合、工学交替、顶岗实习的现代人才培养模式组织教学，深化专业人才培养模式改革和课程体系建设，保证人才培养质量。企业的技术骨干、能工巧匠承担合作班级的部分实训教学任务，校企共同教学，创新"三段互渗交融"人才培养模式的实践机制。优化课程体系，构建"基础课程＋专业课程＋企业素质拓展课程"的课程体系。校企共同编写教材及讲义，进行教学内容的创新和校本教材开发。创新教学模式，构建"三课型三阶段六环节"教学模式。同时，以服务产教融合、校企合作为目的，完善产教融合、校企合作工作机制。

2016 年报告：学校进行了现代学徒制探索试点，着力推行人才培养模式的改革创新。学校专门成立现代学徒制工作小组，建立项目推进工作考核评价方案，多次深入企业开展调研，并与企业一道探索构建现代学徒制实施教学组织形式和教学管理机制，中期成果《基于现代学徒制的"三段互渗"人才培养模式探索实践》被《四川省教育综合改革试点项目阶段成果集》收录。

二、中职人才培养现状以及存在的问题及成因

（一）教学内容与培养目标不相适应

究其原因，主要是由于学校对职业岗位的知识能力把握失准，课程设置和人才培养规格方面有偏差，以及受"统编"的影响，学校不重视和企业合作开发课程，学校的教学内容和教材建设不能及时反映最新的知识和技术，从而很难达到人才培养目标的要求。

（二）教学模式和方法相当陈旧

目前，很多中职学校仍然沿用以教师为中心，课堂为中心，教材为中心的传统教学模式，课堂上"满堂灌"现象严重，教师讲，学生听，师生间缺乏有效的交流和沟通。实践技能课也以课堂教学模式为主，很少采用现场教学、上岗教学等新型教学模式。

之所以出现这种情况，主要是受传统学科本位型普通中学办学模式的影响，素质教育仅仅停留在观念上，教师教学观念也没转变过来。

（三）校企合作、产教结合逐渐分离

目前，在实施产教结合的三方（学校、企业、政府）中，只有学校一方因就业压力而有足够的动力，而其他两方特别是企业，在劳动力供大于求的情况下，缺乏足够的动力，校企、产学不但没有紧密结合，反而还有分离的趋势。

中职学校虽然意识到了多维度、多层面产学合作的重要性，却因和企业之间缺乏天然的联系，又没有政府的牵线搭桥和引导，进而很难找到和企业合作的途径。在寻求产学结合的合作关系上，大多数学校只停留在教学实习层面上的合作，企业和学校双方没能相互深度介入，没有建立双方相互促进、互惠互利的"双赢"机制。

三、研究的内容

（一）研究学生职业综合能力

与传统学徒制操作技能训练和学校教育传授学术知识不同，现代学徒制培养目标完成职业的典型工作任务所需的职业综合能力，并在真实的工作情景中获得工作过程知识；确定职业资格标准，以确保职业的稳定性，并为建立职业的认同感和发展职业承诺奠定基础。

（二）探索"三段互渗交融"现代人才培养模式的实践机制

第一至三学期：学校培养为主。企业定期委派工程师或技术骨干到校承担企业文化教育和岗位能力解读等教学任务。学生到企业体验企业文化，认识职业岗位。

第四至五学期：企业培养为主。企业落实学徒制的工作岗位，并委派技术骨干作为学徒导师，以师带徒方式实施在岗培养，按企业岗位考核标准考核学生的学业成绩。学校针对企业岗位核心技术需要的知识和原理，派教师到企业（或学生返校）对学生进行理论教学和技术研讨。学生在岗培养期间享受一定的福利待遇。

第六学期：学生在企业顶岗实习，享受企业员工待遇。在实施"三段互渗交融"人才培养模式中，校企共同开发课程、选用教材，共同设计、分段实施教学，共同制定和实施考核标准，同时满足企业投入与产出效益平衡的功利性要求

（三）探索学生身份的双重性促进其自身发展策略

作为现代学徒制中的学习主体，学生在其中拥有着双重身份——既是学校的学生又是企业的学徒。学徒身份首先就将学生界定为企业中的人，这样就可以保证学生将自身定位为企业中的员工，加强自我的归属感，从而保证自身投入的主动性和积极性。学徒的另一身份即学生的存在，又使得其不同于企业的正式员工，这主要体现在学徒在企业里所享有的薪酬及

未来的发展。

（四）探索现代学徒制下实施促使教师身份的变化

现代学徒制的实施促使教师既是教育者（传授知识）又是受教育者（融入企业改革），共同育人。通过现代学徒制实践，让教师了解企业实际生产情况，熟悉岗位要求，提高教师的专业技能，并在今后专业教学中更贴近生产实际，实现真正的教学要求与企业需求的"零距离"接轨，从而促进教师的专业化成长。

（五）现代学徒制助推学校内涵建设研究

现代学徒制的实施它要求学校和企业两个主体共同承担培养技能型劳动者的责任，将学校本位的知识或理论学习与企业本位的技能学习相整合。现代学徒制将学校教育与校外工作有机结合，体现企业参与主导下的"工学结合"人才培养模式。通过现代学徒制实践，走出一条真正形成"企业、学校共同参与，共同育人"的深化校企合作新路子，为国家层面出台现代学徒制政策探索方式和途径，发挥国家改革示范校应有的作用。通过现代学徒制实践，强化学生的质量意识、效益意识、创造意识的培养，塑造学生的职业精神，从而让学生提高职业素养，融入企业文化，服从企业管理，热爱工作岗位，引导学生向优秀员工的方向发展。

学校通过进行现代学徒制试点和实施现代学徒制人才培养模式实践创新研究，企业与职业学校结合的现代学徒制人才培养模式存在很多优势。在这种模式下，学校对与企业、师傅合作，破解了以往校企合作中难以深入、缺少抓手、难以长久的困局。

四、教学成果

（一）取得了丰硕实践和理论成果，示范引领区域中职校进行现代学徒制人才培养模式改革

学校现代学徒制探索试点成果分别被《2016 年四川省教育综合改革试

点阶段成果集》《2017 年全省教育综合改革试点项目成果集》收录，被四川教育导报宣传报道，在全省引起广泛影响；理论研究成果《中职校实施现代学徒制实践策略探索》《"三段互渗"中职人才培养模式实践探索》《创新农村中职校校企合作模式实践案例》分别被国家级教育核心期刊《教育》《读写算》《教育科学》刊载发表；现代学徒制下的科技创新活动纳入了课程计划，校本教材《现代学徒制下科技创新教育》开始在学校一年级试行使用；遂宁市现代学徒制试点成果现场交流会成功在大英中职校召开；现代学徒制改革经验在三台全体职业教育教师培训会上交流，课题成果"基于现代学徒制下课程体系建设"被三台职教中心学习"复制"；三台职教中心、中江职校、安居职中、射洪职业中学、遂宁市职校等近二十所市内外职校来校学习现代学徒制实践经验，分享课题研究成果。

（二）服务地方经济能力增强，办学声誉进一步提升

现代学徒制人才培养模式实践，引领学校各专业进行教学改革，提高了人才培养质量，学校服务地方经济能力增强。电子专业"线路板印制班"的学生成为遂宁、大英电子企业核心岗位员工；汽修专业"宝马班"的学生一毕业就被遂宁、大英等地各汽修 4S 店、汽修厂全部聘用。现代学徒制人才培养模式改革带动下，学校两年来为企业培养技能人才 159 名（2017 年县政府工作报告）。学校现代学徒制试点工作取得的成绩受到上级教育行政主管部门的充分肯定，省、市、县媒体对我校现代学徒制试点工作取得的成绩进行了广泛报道，学校赢得了良好的社会声誉，学校的办学声誉得到进一步提升。

（三）建立"校企互聘"机制，推进教师队伍建设

学校借助现代学徒制"双导师"教学这个平台，聘请了企业工程师作为教师培训顾问，组织了教师深入企业考察调研或参与企业实践，教师理论水平和专业技能显著提升，教师专业素质结构趋于合理。两年来，学校 1 名教师获遂宁市"学术与技术带头人"荣誉称号，3 名教师获"遂宁市名师"荣誉称号，2 人被评为遂宁市优秀教师；教师在公开发行刊物上发表论文或获省级以上奖励论文 30 余篇；参加省、市教学技能大赛或辅导学

生获奖 30 余人次。

（四）教学质量显著提升，学生综合素质全面提高

学校实施现代学徒制课题研究和实践提高了教学质量。两年来，学校在全市组织的文化基础课考试、专业技能考试中，都取得优异成绩。学校教育质量综合评估年年名列全市前茅；学生参加全国青少年科技创新大赛获省三等奖以上 20 余人次，市二等奖以上 25 人次，学校多次获国家、省、市团体优秀组织奖；参加省技能大赛、市技能大赛获二等奖以上 40 余人次，年年获团体二等及以上奖励；学生参加四川省文明风采大赛获一等奖 6 人，二等奖 10 人次，三等奖 12 人，其中 4 人获全国优秀奖。

（五）提高了学生职业认可度，解决了企业人力资源困境

学校通过学徒制人才培养模式改革，在逐步建立起企业与学校联合培养人才方面进行了有益的探索，建立了校企"双主体"育人的长效机制。通过现代学徒制人才培养模式改革，学生更牢固地掌握了专业知识与技能，通过积累实践经验有助于学生可持续发展。许多学生在师傅带领下经过企业实践，了解企业的实际运用情况和公司文化，容易对企业产生归属感，比较少出现中途跳槽的现象，对于解决企业的人力资源困境，学徒制也起到了很大的作用。

（六）现代学徒制教学组织机制，促进学生职业素养的培养

职业行为和职业技能等显性职业素养一般通过学校或企业的教育和培训就能获得，而职业道德、职业态度、职业作风等方面的隐性职业素养更注重的是学生的自我培养。"现代学徒制"除了能使在校学生提前进入企业进行技能实践，企业提供的职场环境能让学生真实体验职业角色，学生在企业必须按照企业的要求和标准进行学习和实践，按照企业的制度和纪律约束自己的行为。学生对职业角色的沉浸，使他们对自己从事的职业有了更多的认识和了解，在实践和工作中自我培养了敬业精神、团队意识、职业操守。

五、研究基础

为了积极探索构建现代学徒制，有效整合学校与企业的资源，进一步拓展校企合作内涵，使职业教育与企业"捆绑式"发展，进一步提升我校职业教育对成渝经济带建设的贡献。根据教育部有关开展现代学徒制试点工作的有关要求和四川省教育体制改革领导小组办公室的《关于公布第二批四川省教育综合改革试点项目的通知》（川教改办〔2015〕4号）文件精神，结合学校的办学实际，实施现代学徒制试点工作。

本研究以校企合作为基础，以企业用人标准与岗位资格标准为服务目标，以学生（学徒）的技能培养为核心，以专业设置与课程改革为纽带，以工学结合、半工半读为形式，以学校、企业、行业深度参与和教师、师傅的参与为支撑，逐步建立职业教育现代学徒制。其目标任务为：

形成成熟的具有我校特色的、具有全省推广价值的现代学徒制的管理运行机制。

形成"学生—学徒—准员工—员工"四位一体的人才培养模式。

学生岗位能力和适应社会能力显著提高，为区域经济发展提供大批高质量的技能人才。

根据产业的需要动态调整专业，依托企业办专业。

教师和师傅对接。建立一支德高艺精的双师队伍，从企业聘请一批由技术骨干组成的兼职教师队伍。

六、具体工作措施

（一）工作流程

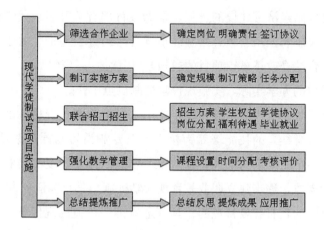

图 1-7　现代学徒制试点项目实施流程

（二）工作进度

1. 第一阶段：筛选合作企业（2015.3—2015.5）

调研遂宁市电子工业园区的所有电子企业，形成《现代学徒制人才培养模式试点工作调研报告》。

筛选合作企业和试点岗位，实现与遂宁市英创力电子科技有限公司达成"现代学徒制试点探索"的校企合作关系。签订相关合作协议书，明确校企双方的职责。

2. 第二阶段：制订实施方案（2015.6—2015.7）

校企双方联合出台《大英县中等职业技术学校现代学徒制试点工作实施方案》。

确认试点岗位及人数。

各试点岗位制定具体实施办法和相应规章制度。

制定试点岗位的实习计划、实习大纲、编写实习教材和实习手册。

3. 第三阶段：联合招生招工（2015.8）

与遂宁市英创力电子科技有限公司联合制定招生（招工）简章，确定招生（招生）规模，制定联合招生（招工）方案。

校企联合开展招生（招工）宣传，派驻点招生教师（师傅）。

校企联合在 2014 秋入学的电子专业的学生中开展招生（招工）面试工作，发放录取通知书。

4. 第四阶段：强化教学管理（2015.9—2017.7）

完善现代学徒制试点方案并实施。

完善现代学徒制试点岗位的课程设置并实施。

科学调整课程及实训项目的课时分配并实施。

建立第三方中介评价考核办法并进行过程管理。

校企联合专业理论考试、岗位技能考核和职业资格证书考核，由学校确认毕业对象；由行业或企业确认学生（准员工）的技术等级。

组织学生毕业和就业学生岗位技能从过关、从学徒转为员工进行顶岗。

5. 第五阶段：总结提炼推广（2017.8—2017.9）

总结经验和不足。

修正实施方案。

表彰奖励先进单位、个人。

确认新一轮学徒制开展的专业及人数。

（三）基本原则

1. 试点先行

以学校电子电器应用与维修为试点专业，结合专业实际情况，科学规划，加强统筹，制定本专业试点具体实施办法。一次规划，分步实施，先试点再推行，稳步推进，确保试点工作取得成效和经验。

2. 强化内涵

以内涵建设为重点，根据专业人才培养方案与课程标准要求制定实习计划与实习大纲，实行岗位达标制度和轮训制度，注重学生岗位技能提升，健全学校实习管理制度机制，全面提高我校办学质量和水平。

3. 改革创新

从我校实际出发，解放思想，大胆创新，建立"政府、企业、学校"三元合一的实习管理体系，形成"学生—学徒—准员工—员工"四位一体的人才培养模式。建立第三方（行业、企业）评价机制，全面提升中职学校的发展活力。

4. 注重实效

建设目标切合实际，管理措施具体可行，建设责任落实到位，管理制度规范健全，技能素养全面提升。

（四）重点任务

1. 改革培养模式

以提高学生技能水平为目标，按照"学生—学徒—准员工—员工"四位一体的渐进式人才培养总体思路，实行"工学结合，理训一体"的育人模式，学生第1～2学年利用校内实训工厂，在学校完成文化课程学习任务的同时，通过工厂实训的形式，让学生掌握专业所需各项基本技能，达到准员工的标准，践行六个对接（学校与企业、基地与车间、专业与产业、教师与师傅、学生与员工、培养培训与终身教育），让学生体验、模仿、尝试、感悟企业文化；第3学年实行企业上班教学模式，让学生真刀真枪践行企业工作和企业文化。同时，实施企业班组化管理模式，1个师傅带5个左右徒弟，组成学习小组，确保学生切实掌握实习岗位所需的技能，使学生达到企业员工的标准。

2. 改革教学模式

以适应职业岗位需求为导向，改革教学方法，加强实践教学，着力促进知识传授与生产实践的紧密衔接，构建现代学徒制。推行工学结合，实施双导师制，学校确定专业教师作导师，下实习单位指导学生理论学习；实习单位选派技术人员作师傅，负责实习生岗位技能教学。以现代化实习场所作为教学的重要阵地，注重能力培养和技能训练，促进知识学习、技能实训、工作实践的融合，推动学、做交融，帮助学徒在实习中积累国家职业资格评估所需的证明材料，实现学生全面发展。

3. 创新实习内容

以人才培养对接用人需求、专业对接产业、课程对接岗位、教材对接技能为切入点，深化实习内容改革。将所学专业分解成若干个岗位，再将每个岗位分解成若干个技能元素。根据专业教学计划要求，结合行业的人才需求和岗位要求，科学、合理提炼岗位核心技能，由行业、企业、学校和有关社会组织共同研究制定实习计划与实习大纲，编写具有鲜明职业特色的高质量培训教材，注重实践性和可操作性。按照国家职业资格证书考核的要求，制定每个岗位的实习考核标准。同时，探索建立实习标准动态更新机制。

4. 加强队伍建设

以教师培养、评聘和考核为核心，强化"双导师制"队伍建设。坚持以教师全员培训、集中专题培训为主要形式，建设高素质专业化教师队伍。实施学校与企业管理人员双向挂职锻炼，提高专业教师的实践能力和教学水平。推动专业教师与企业共同开展技术研发，及时完善和更新相关理论知识。建立健全绩效考核制度，评选并奖励优秀实习指导教师和师傅，形成吸引人才、稳定队伍的激励机制。鼓励企业选派有实践经验的行业企业专家、高技能人才和社会能工巧匠等担任学校的兼职教师。同时，建立实习师傅人才和考评员人才库，保障实习考核工作质量。

5. 完善内部管理

以制度建设为基础，全面加强实习管理工作。建立专门的实习管理机构，制定实习管理流程，健全实习管理制度。学校实行公开招标，选拔有文化、有规模、有技术、有市场、有感情、有层次的企业作为实习单位，可采取"1＋N"模式（主要包括以下三种形式：某一企业独立承担、某几个企业联合承担、校企联合承担）。建立严格的实习前培训和准入制度，加强对学生的实习劳动安全教育。建立学校、实习单位和学生家长经常性的学生实习信息通报制度。完善实习巡视和跟踪管理制度，分人分片负责，并对实习班主任的实习管理工作进行考核。规范学生实习档案管理，加强监督检查，保证实习工作健康、安全和有序开展。

6. 改革评价模式

以能力为标准，改革以往学校自主考评的评价模式，将学生自我评价、教师评价、师傅评价、企业评价、社会评价相结合，积极构建第三方评价机制，由行业、企业和中介机构对实习生岗位技能进行达标考核。理论考核与操作考核相结合，要求实习生所实习岗位须达到初级工要求，其中每人须有一核心岗位技能达到中级工以上水平；试点班学生所实习岗位须达到中级工要求，其中核心岗位须达到高级工水平，切实提高学生的就业基础能力、岗位核心能力、职业迁移能力，实现"人人有技能，个个有特长"的目标。

七、现代学徒制的创新

自 2015 年以来，学校以现代学徒制探索试点项目为抓手，开启了新一轮的人才培养模式改革创新。为确保现代学徒制探索试点项目建设质量，学校现代学徒制工作领导小组在反复研讨和深入学习国省相关文件的基础上完成了建设工作的顶层设计。撰写企业调研报告 2 个；编制完成了项目建设任务书；制订了项目工作实施方案和实践性教学计划。理清了建设思路，保证了建设工作有序、高效。

2015 年 9 月 18 日召开展了现代学徒制探索试点工作推进会，邀请市、县教育局领导，四川职业技术学院领导和专家进行现场指导和培训，深度解读和研讨现代学徒制内涵。9 月 30 日，学校开展了现代学徒制探索试点校、企、家长三方签约仪式和现代学徒制试点班开班仪式。2015 年 12 月，学校邀请遂宁英创力电子科技有限公司行业顾问，成都电子科大博士生冀林仙女士到校就线路板行业前景，现代学徒制实施策略开展培训讲座。引发了广大师生对现代学徒制探索试点项目的广泛关注。

为确保现代学徒制探索试点项目建设质量，增强机制体制建设的科学性，学校申报了《中职校现代学徒制人才培养模式的实践与创新研究》课题，已经获得四川省教科所立项。

2015 年以来，学校三次深入遂宁英创力电子科技有限公司开展深入调研，校企双方就合作研制人才培养方案，合作开发课程和教材，合作实施教学和考核评价，合作加强专业建设等事项达成共识。在此基础上，双方签订了共同实施现代学徒制项目建设的合作协议，合作共赢，职责共担的校企双主体育人、双导师教学体制逐步建立。

（一）初步构建了"五阶段六层级"的晋级式现代学徒制培养模式

遵循学生成长规律和校企共育的特点，学校构建了"学生—学员—学徒—准员工—员工"五级晋级模式。建立了校企融合、分段教育、分层晋级，双向考核、双主体育人的晋级式培养模式。逐步实现专业设置与产业需求对接，毕业证书与职业资格证书对接，学生与员工合一，作业与产品合一，从而提高人才培养的针对性和实效性。

（二）建立了招生招工一体化机制

学校积极践行"招生即招工、入校即入厂、校企联合培养"的现代学徒制理念，校企共同制订了《大英中职校与遂宁英创力电子科技有限公司联合招生方案》和《学员考核晋级标准》。并在 2015 春电子专业招生中顺利实施，2015 年 3 月，学校与企业一道，通过宣传动员、面试、文化考核等形式，选拔了三十名学生组建了现代学徒制试点班。学校、企业、家长重点针对学生培养、企业训练、就业安置等内容达成了共识，并举行了现场签约仪式。招生招工一体化机制的建立，消除了家长和学生的后顾之忧，增强了职业教育办学的吸引力。

（三）构建了校企共育的双导师制

围绕现代学徒制五级晋级培养模式，学校积极构建校企共育的双导师制。学校设立由企业师傅担任教师的兼职教师岗位，企业设立由学校教师参与技术研发的工作岗位和参与学习培训的企业实践岗位。学校将教师参与企业技术研发和学习培训情况纳入考核，作为教师专业技术职务晋升的重要依据。企业选拔优秀高技能人才担任师傅，明确师傅职责和带徒津贴。在培养过程中，企业师傅侧重岗位技能，企业文化和职业道德的教育。教师侧重文化知识、行为习惯的教育。二位一体的教育培养相互补充，实现了企业与学校教育的无缝对接，成为培养高技能，高素质人才的重要保障。

（四）建立了新的教学管理与运行机制

为了顺应现代学徒制五级晋级培养模式和双导师制，学校积极探索建立新的教学管理与运行机制。

学校把学生三年的学习时间划分为六个成长层级进行差异化管理。第一学期为基础学习层级，主要以在校的文化知识和专业理论学习为主；第二学期为学徒入门层级，在学习文化知识、专业理论的基础上增加专业技能操作训练和企业文化培训；第三学期为师徒结对层级，实行"3+1"模式，即每月3周在校学习，1周在企业见习。通过双向选择的形式（即学生选择师傅，企业根据学生特点给学生选定岗位）进行一带三的师徒结对，开展企业岗位见习；第四学期为师带徒层级，实行"2+2"模式，即学生在校学习2个月，在企业开展实践性学习2个月。理论和实践交替进行，教师和师傅共同培养。学习重心向企业岗位训练倾斜，身份开始向准员工转变。第五学期为岗位实习层级。实行"1+3"模式，即学生在校学习1个月，在企业实习3个月，剩余时间回校进行总结提升。对学生实行员工化管理，学生享受岗位津贴。第六学期为岗位技能过关考核层级。以企业岗位实习为主，实习末段参加企业和学校共同组织的晋级考核，过关后即成为企业正式员工，企业与学生签订正式的聘用合同。新的管理机制遵循学生成长规律，充分发挥了学校、企业的合作育人效益，极大地提高了人才培养质量。

八、取得的成效

（一）服务区域经济产业升级

通过校企深度融合试行现代学徒制试点工作，加速了为遂宁电子行业输送高素质、高技能人才的进程，也推动了遂宁地区电子产业的发展与升级。

（二）实现校、企、生三方共赢

现代学徒制是以"学徒"的培养质量为核心的现代人才培养模式，现代学徒制的试行使学生的专业技能水平明显提高，适应岗位工作的实践能力得以增强，在校企共育下，快速成长为行业、企业需要的优秀员工。在遂宁英创立电子有限公司接受现代学徒制人次培养的学生，通过校企"互渗式"的人才培养形式，学生专业能力水平迅速提高，对部分表现出色学生企业给予正式员工待遇。学生体验了成功，发现了自身价值，企业获得了优秀人才。

同时，遂宁英创立电子有限公司与学校合作，试行现代学徒制，既解决了人才流动导致的用工荒难题，又获得了懂技术、爱企业的后备人才，企业董事长李清华说："公司要实现产业升级，可持续发展，必须走以人才为支撑的自主创新发展道路，最直接的还是依托职业技术学校进行现代学徒制人才培养"。

现代学徒制推动了学校"双师型"师资队伍建设。专业教师在企业中与企业师傅研讨，开设符合学生学习及企业实践的校本课程，修订了人才培养方案，编写了服务于现代学徒制人才培养的校本教材，提高了教学科研和技术创新能力，促进了教师的专业化发展。

（三）增强了职业教育吸引力

学校通过现代学徒制人才培养试点，充分调动学生学习积极性和企业参与的积极性，有效克服了教学内容与培养目标不相适应，产教结合逐渐分离、教学模式和方法相当陈旧等弊端，增强了学校的吸引力。学生在校企共育下，学习兴趣浓厚，读职校的价值感增强，人文素养和专业水平得到迅速提高。现代学徒制为学生快速成长为专业技术过硬，实践水平高，有较高职业素养的行业、企业需要的优秀员工，提供了最佳人才培养路径。

第二章 现状反思：成渝地区经济发展中的现代学徒制研究综述

第一节 成渝经济发展相关研究

由于成渝城市群的形成和发展演化时间较短，关于成渝城市群（成渝经济区）的研究尚处于起步阶段，目前主要聚焦于区域空间格局、城市规模分布、城镇化等方面进行研究。

一、关于空间格局的研究

许旭等（2010）、彭颖等（2010）、康庄等（2013）、刘运伟等（2015）均对成渝经济区的经济差异开展了时空演变分析，但这类研究还未考虑区域城市间的相互联系。邹佳雯等（2017）基于高铁网络视角，对成渝城市群空间格局及联系进行了探究，发现成渝城市群空间联系基本呈现网络化格局，但网络化均衡程度不高，呈现以成都、重庆为核心的两极分化状态。姚作林等（2018）运用城市中心性、经济联系强度和空间断裂点等模型，对成渝经济区城市群空间结构的"点、线、面"要素特征进行了刻画，发现成渝经济区城市群形成了以 3 条成渝互通通道为第一等级、7 条"双核"对外放射通道为第二等级、4 条地市间互通通道为第三等级的"3－7－4"空间轴线网络。夏天慈（2018）基于公路货物流、客运交通流、网络信息流三大空间流分析了成渝城市群空间结构特征，结果表明成渝城市群内部已基本形成以成都、重庆为双核辐射的空间格局，城市层级分布具有典型的双中心结构，但缺乏次一级中心城市，区域城镇等级体系不成熟。潘碧麟等（2019）利用新浪微博用户签到的地理位置数据，进一步解释了成渝城市群所呈现出的"双核多中心"的组团特征。王娜等（2019）基于城市空间经济联系模型、城市空间流模型与 ArCG1S 径向流等模块，进一步揭示了成渝城市群等级、结构和功能的空间异质性特征。

二、关于城市规模分布的研究

孙继琼（2006）较早采用豪斯道夫分维，对成渝经济区城市体系规模结构进行了实证研究，发现区域城市体系的规模结构较为分散，城市规模结构存在着一定程度上的不合理性。钟海燕（2014）应用城市体系位序规模模型，同样对成渝经济区城市体系进行了定量测度，发现区域城市体系属于双核首位分布型，双核与非双核城市的规模差距不断拉大，城市体系出现断层，区域属于城市群发展的初级阶段和大城市集聚发展时期。王振坡等（2018）运用首位城市规模、变差系数、偏态系数等指标同样刻画了成渝城市群双核首位分布特征，进一步发现区域大城市聚集效应逐渐增强，城市群内城镇化水平差距较大，产业结构较为相似。韩剑萍等（2019）基于 K－S 检验的滚动样本回归方法和城市土地数据，多尺度分析了成渝城市群地区近 40 年城市规模分布动态，空间上城市规模分布总体上呈现集聚分布特征，时间动态上城市规模分布表现出先集聚后均衡的特征。晁静等（2020）利用多源夜间灯光数据，对成渝城市群城市规模结构与长三角城市群和长江中游城市群进行了比较研究，发现各城市群内部绝对差异均逐年扩大，而相对差异和集聚度均逐年缩小，成渝城市群由强首位分布向弱首位分布转变，而长三角和长江中游城市群由首位分布分别向位序规模分布和分散均衡分布转变。

三、关于城镇化的研究

魏洪斌等（2015）从城镇化水平的人口、土地、经济子系统，采用熵值法和协调发展模型，分析了成渝城市群城镇化发展的空间分布特征，发现成渝城市群人口、土地、经济城镇化地域空间分异明显，川东南和川东北是人口城镇化的"低洼"，土地城镇化表现为"东部高、中西部偏低"，经济城镇化则呈现出都市圈向周边递减的趋势，而城市群协调发展水平普遍偏低。李剑波等（2018）将人口、土地、经济 3 个子系统拓展至人口、土地、经济、生态、社会 5 个方面，运用层次分析—嫡值法、协调度模型、灰色关联分析并结合障碍度模型，进一步探讨了成渝城市群新型城镇化发展协调度的时序变化以及影响因子，结果表明城市群新型城镇化综合发展水平不断上升，经济城镇化与人口城镇化发展是影响成渝城市群城镇化水平提升的主要动力。肖月洁等（2018）、郑晓云等（2019）均借助嫡值法、耦合协调度模型，分别分析了成渝城市群城镇化与生态环境之间、城镇化与土地利用效益之间的协调发展动态变化及区域差异。张雅杰等则从经济、社会、景观环境和城乡协调发展 4 个维度建立了城镇化质量评价体系，借助嫡值法对成渝城市群各城市的城镇化质量发展进行了评价，结果表明成都平原经济区与重庆市城镇化质量最高，川东北地区城镇化质量水平最低，区域城镇化质量稳步提升。

城市群比单个城市更具优势，从而成为一国一地的中心区域。以往的研究集中在不同城市群间的横向对比，缺乏对同一城市群在不同生长发育阶段的纵向研究。中国正在快速城镇化，城市群对我国经济社会发展具有重要战略意义，理清城市群的演进规律，才能避免城市群盲目发展或不当发展。

分析显示，城市群的生长发育过程大体可经历乡村、集镇、城镇、中心城市、大都市区和城市群等阶段，多个城市群还会成长为相连一体的大都市带。所以，城市群的界定标准应建立在都市区的根基上。都市区是连续成片的城镇化成熟区域，城市群由人口密度、城镇化水平、人口规模、文化认同度、基础设施、空间连续性、行政衔接、中心极化与外围扩散等综合动力因素作用而成。城市群不同于一般的城市体系，它在城市体系中组织最密切且发育层级较高。

川渝城镇体系的案例研究表明，历代的川渝地区都经历了不断分与合的过程。元代，川东重庆地区与川西成都地区才从分治走向合治。明清时，重庆逐渐赶超成都。民国时，撤县设市，结束了自古以来城带县的格局。新中国成立初，川渝地区在经历了短暂分治后，又走向合治。1997 年重庆市升为中央直辖市，川渝地区又进入分治。经过数千年的发展，川渝城镇体系密集分布于成都与重庆之间的紧凑地带。目前，成都市区与重庆市区的人口规模近同，呈现出成都市和重庆市两极鼎立却中间塌陷的极化格局。

成都与重庆这两个都市区的中心城区和外围区县的空间范围都在生长扩大，且在集聚。成渝城市群的主体形态在 20 世纪 90 年代末才形成，其空间主体介于两个都市区之间，且在向都市区周边近邻地区延伸壮大，但以成都、资阳、内江、德阳、自贡、眉山、重庆市区、荣昌、大足、永川、璧山等地为其稳固的核心地带，成渝城市群会经历过去的雏形、现在的生长壮大和未来的空间一体化 3 个主要阶段。外商投资企业随经济全球化而兴，助推成都和重庆向世界城市转变，利于提升成渝城市群的国际化水平并拉动城镇化。

在中国知网上，与成渝城市群相关的主题论文一共有 1017 篇，以"成渝城市群"为关键词检索的文献共计 335 篇，从 2000 以来的发文趋势统计可以发现，自 2011 年国家先后批复"成渝经济区规划""成渝城市群发展规划"以来，国内对于成渝城市群的研究呈现迅速增长的态势。而以"成渝城市群"和"经济"为关键词检索得出的文章一共 23 篇，其中 14 篇论文包含"成渝城市群"与"经济差异"关键词，其中有对成渝城市群进行纵向内部经济空间分析的，也有放眼于全国视角，从几大城市群的对比分析或长江流域经济带进行横向经济发展空间研究。如晁静等基于灯光数据，采用基尼系数、标准差椭圆、重心转移模型及地理探测器等定量方法，系统比较 1995—2015 年长江经济带三大城市群（长三角城市群、长江中游城市群、成渝城市群）经济差异时空演变及影响因素，得出总体差异、群内差异及群间差异均逐年缩小的结论，其中群间差异为总体差异的主要来源。

对于成渝城市群内部经济空间差异的研究，近年来也逐渐成为学术热点，学者们普遍认为县域层面，成渝地区差异性较明显，并且随重庆直辖，川渝两地相向发展，区域发展差异呈现特殊的双向集聚特征。罗刚等利用泰森指数和空间自相关，揭示了成渝经济区的土地经济密度时空演变规律。耿佳等基于区域经济增长与供需的相关理论，结合1986—2016年的经济增长面板数据，对比分析成都、重庆两城市的发展特征，探讨了成渝两市的发展路径和区域发展策略。对于经济空间差异的研究多从时间纵向维度进行演变分析，指标选取较为单一，对于统计数据的数理分析深度不够，且空间相关性描述不够显著，部分研究选取的面板数据时效性不佳。李峥嵘等选取人均GDP为指标，对成渝经济区经济差异的时空演变进行了定量分析。王娜等基于城市空间经济联系模型、城市空间流模型ArcGIS径向流等模块，探讨了成渝经济区城市群的等级、结构和功能异质性特征及其运作机理。刘晓歌（2019）运用ESDA和GWR方法，以人均GDP为测度指标，探究自2007年川渝两地正式签署成渝城市群战略合作协议前后的短期及中长期时间范围内，城市群内县域经济的演变特征及影响因素作用机制。

第二节　现代学徒制相关研究

与学徒有关的活动可以追溯至人类活动的早期阶段，而作为我们所熟知的学徒制度则是在相对较晚的历史阶段才出现，但学徒制目的的改变产生了多种不同的意见和观点，其中就包括很多社会理论家或学者试图尽可能详细确定的哪些制度形式有可能导致现代学徒制的产生，或者说哪些因素有利于现代学徒制的构建。为了更好地提供了一个清晰的理解基线，有必要对关于学徒制以及现代学徒制的学术研究进行回顾，主要围绕以下几个方面展开。

一、"现代学徒制"的概念研究

据目前掌握的资料显示，几乎所有有关"现代学徒制"的概念研究都始于"学徒制"，因为现代学徒制并不是对"学徒制"（或确切地说对"传统学徒制"）的全盘否定，而是对后者的一种继承和发展。然而，对于

"什么是学徒制"，似乎并不存在一种唯一的、被人们广泛接受的概念。世界劳工组织（ILO）在其 1939 年的报告中将"学徒制"（apprenticeship）界定为"雇主雇用、培训青年，青年在约定期限内为雇主服务的'一系列制度'（any system）"，而在 1962 年，世界劳工组织对学徒制的界定没有再提及"青年人"（young people），而是把学徒制定义为一种"依据书面合约和既定标准，在某企业内部或独立工匠指导下，对某一岗位进行的长期系统培训"①。也就是说，学徒制被视为一种培训形式，并强调根据岗位既定标准进行长期培训。欧洲职业培训发展中心（CEDEFOP）把学徒制定义为："在工作场所和教育机构或培训中心之间交替进行的系统性、长期培训；学徒通过合同与雇主发生关联，并获得相应的报酬（工资或补贴）；雇主有责任为培训生（trainee）提供面向特定岗位的培训"②。显然，这一定义把雇主与学徒之间确立的契约性关系视为学徒制建立的必要条件。基于此，欧盟统计局（Eurostat）认为，学徒制旨在正式教育体系中完成一个既定的教育与培训项目，并提出学徒制概念界定的标准：学徒制是正规教育的组成部分；学徒期满可获得资格证书，并作为某一特定岗位或岗位群的从业资格；学徒与雇主之间直接签订或通过教育机构签订的培训合同或正式协议（formal agreement）是学徒制概念的典型特征；参与者（学徒）获得报酬（工资或补贴）；合同期或正式协议期限至少 6 个月，最多 6 年；多数情况下，学徒合同或正式协议相关雇主与学徒之间在学徒培训开始之前没有其他正式安排③。该定义对于企业与学徒之间契约关系建立条件的限制有所放宽，认为可以通过"正式协议"的形式，而并非一定要以合同的方式建立联系。从这一点上看，该定义较之欧洲职业培训发展中心对学徒制的界定要宽松许多。同时，该定义保留了"学徒报酬"，但对于具体的学徒期限问题并未明确的界定。也有观点认为，在学徒制的

---

①Steedman H. Overview of apprenticeship systems and issues：ILO contribution to the G20 task force on employment ［R］. Geneva：International Labour Office，2014：2.

②CEDEFOP. Terminology of European Education and Training Policy：A Selection of 130 Key Terms（SecondEdition）［R］. Luxembourg：Office for Official Publications of the European Communities，2008：25.

③European Commission. Apprenticeship Supply in the Member States of the European Union ［R］. Brussels：IKEIResearch and Consultancy，2012：21—22.

定义中，使用"学习""获得"等关键词，揭示了职业教育相对于通识教育的学术期望较低①，也反映了学徒制作为一种基于习得隐喻的教学模式的历史根源②。也即是说，学徒制是一种学习模式③。但从这一概念中并不能看出现代学徒的学习和传统学徒的学习有什么不同，受哪些因素制约。再进一步，问题就变成了：现代学徒制中的行动者是如何参与到这个变化过程中的，以及他们如何学习成为现代学徒制度的正式参与者。

可见，20世纪60年代以前，学徒制主要被界定为企业内部的一种培训形式，而进入21世纪以来，对学徒制的认识发生明显转向，即将企业培训与正规学校教育相关联，而且强调培训的质量。因而，"学徒制"是为获得一种中间岗位技能，将职业教育与工作本位培训相结合，并受外在培训标准（尤其是作为工作场所构成要素的标准）支配④。该定义认识到规范化的学徒制度体系不仅包括脱产教育与培训，还应包含与工作场所培训标准有关的外在规定。不可否认，学徒制存在两个"截然不同"的概念，一种是"制度上的"（one institutionally mediated），另一种是"个人的"（one more personally mediated），前者是现代性的特殊产物，是二战后通过一些现代民族国家和工业经济产生的，而后者更多地侧重于个人的学习层面⑤。现代语境下对于学徒制的认识，基于不同的视角可能存在着不同的理解，确切的、边界清晰的现代学徒制的概念界定目前还难以滴定。正是在这样的背景下，同时考虑到欧洲职业教育制度的多样性，欧洲委员会（European Commission）对"学徒制"进行了比较宽泛地界定，认为学徒

①Unwin L. Adult vocational teaching and learning：An introduction to the international debates and evidence [R]. London：Commission on Adult Vocational Teaching and Learning, 2014：12.

②Sfard A. On two metaphors for learning and the dangers of choosing just one [J]. Educational Researcher，1998，27（2）：4—13.

③Fuller A.，Unwin L. Apprenticeship as an evolving model of learning [J]. Journal of Vocational Education&Training，2011，63（3）：261—266.

④Ryan P.，Wagner K.，Teuber S.，et al. Trainee Pay in Britain，Germany and Switzerland：Markets and Institutions [R]. Cardiff：SKOPE，2010：5.

⑤Billett S. Two distinct conceptions of apprenticeship [C]. In E. Smith，P. Gonon&A. Foley（eds.）. Architectuires for Apprenticeship：Achieving Economic and Social Goals. Melbourne：North Melbourne，2015：19.

制是一种"将学校教育（在学校或培训中心理论/实践教育期）与企业培训（工作场所实践工作经验期）相结合，并对成功完成学习者由国家进行统一职业资格水平认证的正式职业教育形式"①。但如果从这个意义上说，雇主与学徒之间并不存在契约性关联，因而定义中所阐述的情形完全可以发生在公司和培训中心之间，进而致使学徒制与职业教育中普遍存在的学生实习制（internship）、很多国家出现的受训生制（traineeship）极易混淆，很难划清界限。由此看来，国际劳动组织和欧洲社会对于不同国家现时积极探索的学徒制并没有一个统一的概念界定，即便在西方社会内部，不同组织之间，如欧洲职业培训发展中心、欧盟统计局以及欧洲委员会，对于学徒制概念的认识也不尽相同。基于此，Soren Bo Poulsen 和 Christiane Eberhardt 以欧洲双元制模式为参照，提出今天的学徒制度体系应具有以下主要特征：它们由一个法律框架和（或）社会参与者间的协议进行规制；该体系以责任共担、所有权共享为基础。社会参与者直接参与资格标准的开发和学徒制度体系的治理；中间主体（intermediary bodies）监控培训与评价的执行以及资格的授予；该体系受公共（国家）和私人（雇主）经费资助；培训在雇主和职业教育机构之间交替进行；学徒与雇主之间相互关系由培训合同进行规定；根据一致认可的资格标准授予学徒正式证书②。而在我国，二战以后出现的以德国"双元制"为典型特征学徒制形态，被统称为"现代学徒制"③。

不过，在实践中，对现代学徒制的理解并不完全一致，这种不一致性表现在两个方面。一是与西方理解的不一致性，即现代学徒制既不完全是"制度上的"，也不完全是"个人的"，而是处于一种"中间"层面，被视为一种"人才培养模式"。持这一观点的人，多来自一线实践者，如施学良、陈冬梅、林丽、吴岳军、陈慧妹、李兵、范人伟，也不乏理论层面的

---

①European Commission. Apprenticeship supply in the member states of the European Union [R]. Brussels：IKEIResearch &Consultancy，2012：22.

②Seren B. P. Christiane E. Approaching Apprenticeship Systems from a European Perspective [R]. Bonn：BIBB，2016：15.

③关晶，石伟平. 西方现代学徒制的特征及启示 [J]. 职业技术教育，2011，32（31）：77—83.

研究者，如王洪斌、鲁婉玉、王振洪、成军。二是内部理解的不一致性，主要表现为制度观与模式论之间的差异。与上述将现代学徒制理解为人才培养模式的观点不同，现代学徒制内涵中的制度属性为其概念界定提供了重要线索，因而有研究指出，现代学徒制是一种将"传统学徒培训"与"现代学校教育"相结合的"合作教育制度"。现代学徒制不仅是一种"模式"或"学习方式"，还是一种"人才培养制度"，而这样的制度建立，其过程非常复杂。可见，对"现代学徒制"的理解目前没有统一形式的固定定义，但重要的是，现有的研究看到了现代学徒制在就业和教育之间架起桥梁的能力，并强调企业（师傅）和职业院校（学徒）间的互动，现代学徒制的作用不仅是具有不同利益的行动者相互作用的一种渠道，它同时是制定社会和职业规章的一种手段。正如 Descy 和 Barabasch（2014）认为的那样，现代意义上的学徒制是"正规教育和培训"的一部分"正式"一词的使用突出了现代学徒制模式的公认结构的重要性，这种结构促进了这种培训模式的身份和特点，这种模式将学徒制与其他类型的职业培训或继续教育区分开来。

显然，在大多数国家，现代意义上学徒制的定义既包括以工作为基础的培训，也包括正规教育。因而，现代学徒制不同于通常可以替代的三种活动：全日制职业教育、独立在职培训和劳动力市场项目。即便如此，"现代学徒制"一词也涵盖了一个不同的现实，现代学徒制的定义因国而异。上述有关"学徒制"和"现代学徒制"的概念研究为本研究的开展提供了极为重要的参考，但受当前我国现

代学徒制发展背景和实际需要的影响，本研究中更多地将现代学徒制界定为一种规则体系。

二、现代学徒制的发展模式研究

在过去的二十年里，随着科技的进步和全球化的发展，职业教育培训体系的公开比较能力也在不断提高。亚洲职业教育和培训学会（the Asian Academic Society for Vocational Education and Training）、欧洲职业教育研究人员网络和创新学徒制国际网络（the European Network of VET researchers and the international Network on Innovative Apprenticeship）等组织的协调和建立表明，职业培训发展已达到包括学徒制在内的国际高质量职业培训水平。但全球技能赤字、青年就业以及社会公平问题仍是当前各国发展过程中面临的重要现实问题。鉴于这些原因，对于许多国家而言，下一代学徒的协调与发展已经成为一个迫切的问题。国际劳工组织（International Labour Organization）对 11 个国家的学徒制进行的一项研究表明，如果学徒制模式是一种更有吸引力、更有效的通往生产性职业的途径，那么学徒制可以解决年轻人的失业和贫困问题。但李（Lee）总结了对职业教育最常见的批评意见："低质量、高成本、不适合实际社会经济条件的培训、忽视非正式部门的需要、忽视劳动力市场和毕业生的高失业率"。低质量的职业培训突出了全球关注的另一个问题，即缺乏质量保证导致社会制度不可信，当职业培训脱离政府监管时，这种关注就会增加。Gopaul（2013）认为在包括德国在内的大多数国家，年轻人选择学术路线而不是学徒路线。不仅如此，非正规或非结构化学徒制在包括 G20 国家在内的许多国家普遍存在，这些国家的学徒或学徒制不受法律法规的约束或保护。

当然，国际比较发现，学徒制现代发展的模式选择并非仅仅是正规和非正规那么简单，因为与现代学徒制发展密切相关的培训模式常因场景不同而有所变化。单在欧盟成员国，就可以找到校本培训、公司内部培训和公司外部培训以及非正式职业培训以某种方式并存或结合的混合制度。艾肖尔斯特（Eichhors）等人将工业新技能学习的基本方法区分三种不同的职业教育和培训体系：以学校为基础；将学校教育与基于行业的方法相结合的双元学徒制；基于非正式的路径。这一界定可能过于宽泛，Koudahl（2010）给出了一个更为精确和有用的描述：市场模式，即培训是由市场力量决定的，主要的优点是，劳动是按照具体需要训练的，并确保就业，主要的缺点是培训的周期问题，导致技术人员的供应不均衡，质量要求与课程的狭隘重点不一致，主要出现在英国、北美以及包括日本在内的部分亚洲国家；国家控制模式，即培训和管理是在公立学校内进行的，这种模式的一个优点是，如果学生改变了职业方向，就可以不间断地进入高等教育，而其主要缺点在于学生所学的技能并不是行业所需要的，这就造成了潜在的技能不匹配，该模式主要以法国、瑞典和芬兰等国家为主要代表；合作模式，即企业、工会、教育工作者和政府在在职和脱产培训中按照国家商定的标准共同工作，这种模式对纳税人来说比市场模式昂贵，但比国家控制模式要便宜，德国、瑞士、奥地利、丹麦和爱尔兰实行的"双元制度"最能证明这一点。与此相关，劳耐尔（Rauner）据实际工作过程中所发生的学习程度不同，将现代意义上的学徒制发展模式区分为三类：第一，"盎格鲁—撒克逊"国家的"现代学徒制"，此类学徒制的目标是传承手工艺大师的训练传统，职业能力的发展是通过在工作过程中学习和成为各自公司实践共同体的一员来实现的，从培训开始，学徒们就积极参与公司的增值工作和生产过程，以英国（苏格兰）、澳大利亚、美国和加拿大为典型代表；第二，源于 20 世纪上半叶中欧国家的"双元学徒制模式"（Dual Apprenticeship Model），此类学徒制的培训以系统实践课程为基础，尤其是第一年系统化的获取基本职业技能的方法是以后在实际工作过程中进行专业培训所必需的基础，以瑞士、德国、奥地利、丹麦为代表；第三种形式的学徒制几乎把所有的实际训练都转移到讲习班和训练中心，这种变体的主要特征在于，实际技能的转移在很大程度上独立于现实公司的日常工作流程和业务流程中不可预见的事件，以法国、瑞典、荷兰为主要代表。

尽管上述文献对于不同国家既存现代学徒制的模式进行了归纳，但正如 Berlia 认为的那样，采用任何国家任何一个范例是不明智的，也是不可行的。因为上述提到的所有发展模式都经历了数年的时间进化，一直受到各种文化、政治和经济的影响，因而一国现代学徒制发展模式的选择需具体问题具体分析。这一点与现代学徒制的制度构建颇为相似。

三、现代学徒制的构建路径研究

（一）现代学徒制的构建障碍和促进因素研究

二战后，德国"双元学徒制"的成功引发国际社会的广泛关注和学徒制在现代社会的复兴。但随着现代学徒制的发展与推进，影响现代学徒构建的因素问题成为人们热议的重要话题。在一份对 288 名人员进行的调查中，受访者认为学徒制的障碍在于：现有的组织实践和程序；缺乏领域共识；员工态度和看法；缺乏沟通和意识。而健全的制度和监管框架是大多数现代学徒制成功的关键，能为现代学徒制的实施设定总体框架和基本条件。不过也有学者提出，大多数关于学徒制的研究只是简单地阐述了制度的价值和学习模式，很少有研究探讨了促使学徒制成功的内部因素。雷德（Reed）等人对不同州的项目进行了成本效益分析，研究发现，在美国参加过学徒制的人比没有参加的人有更高的收入。该研究揭示了学徒制优于非学徒制的好处，但它没有调查学徒制成功的内部因素，也没有提到该项目赞助商的好处。格洛弗（Glover）和比尔金所（Bilginsoy）比较了注册率和毕业率，并审查了学徒制的运作，包括制度安排和最近的创新，以应付建筑劳动力市场的挑战性特点。研究发现，在由企业和工会联合赞助的项目中，学生的"入学率""留任率"和"满意度"显著提高。但是，它没有调查学徒或与工会联合赞助的企业的长期成功所带来的任何利益。雷泽（Rezin）采用逻辑回归和多元回归两种统计方法，对合作学徒制和非学徒制项目的效果进行了比较研究，发现，实施合作学徒制学习模式的中专以上教育项目表现出更大的成功和满意度。富勒（Fuller）和昂温（Unwin）发现，新手往往依赖于他或她在工作场所的经理和主管的态度和能力，他们的态度和能力往往因什么学习被认为是适当的以及如何进行这种学习而有所不同，进而提出，组织环境和组织结构会影响学徒学习和学习机会的获得。关于学徒制的研究是有限的，而关于学徒工作经验的研究少之又少。

莱夫（Lave）和温格（Wenger）对各种学徒制和学徒选择从事的工作社区内发生的社会互动进行了定性研究。他们发现，学徒制提供了一种学习模式，这种学习模式是出于社会地位的，主要发生在同伴之间，而不是来自培训师或致力于教学的个人的直接说教。他们的研究表明，通过参与，会出现一些情况，让参与者能够解决问题，并了解他们通过自己的努力做出了多大的贡献。更成功的项目提供了一种自我评估的方法，这种方法常常鼓励或激励参与者想要学习更多。Filliettaz 对学徒制中与工作相关的方面进行了更多的研究，如学徒与其导师和同事之间的互动关系，并说明了学徒制中与工作相关的部分所面临的挑战。研究认为，当学徒努力成为职业社区的一员时，他们往往必须在经验的指导下，在主管和其他更有知识的员工的支持下，应对身份的转变。显然，莱夫和温格提出的"合法的边缘性参与"更广泛地解决了更深层次的学习和动机问题。当学习者在共同体的边缘工作或开始学习时，他们相信共同体是合法的，而这个共同体似乎接受并欢迎学习者作为共同体内的合法参与者，学习者将以更大的活力积极地进入该社区并融入其中。但共同体向学习者发出的信号在理论中尤为重要，而这样的信号主要来自那些被视为共同体内合法领导者的人，比如监管者。

上述有关学徒制内部影响因素的研究，为本书后续的实证调查提供了重要依据，当然现代工业和服务业背景下，与学徒制有关的"合法的边缘性参与"遇到新的问题，工作场所学习理论在我国现代学徒制实践中的应用应有所侧重。

（二）现代学徒制构建的制度基础研究

虽然人力资本理论将学徒薪酬视为一个中心变量，但它无法解释为什么不同国家的学徒薪酬和其他属性差异如此之大的原因。"资本主义多样性"和相关的制度主义方法认为，学徒制取决于制度支持，特别是来自雇主协会、工会和集体谈判的支持。因此，制度主义视角的分析是必要的。瑞安（Ryan）等人从协调市场经济和自由市场经济的二分法出发，认为学徒制度的关键区别在于，与训练相关的行动在多大程度上只涉及基于理性私利的分散决策，或受到集体利益（雇主协会和商会、工会和劳资委员会）的劝诫、压力或约束，或受到国家机构（包括德国）的影响。制度主义者通常将几种类型的制度确定为成功的学徒制度的基础，包括公共条例（立法）、雇主组织（雇主协会、商会）、雇员组织（工会、劳资委员会）和教育组织（职业学院、教育专业人员）。根据企业代表的说法，当他们在学徒制制度的设计和管理中发挥重要作用时，信任就会得到培养，其结果是更好地设计和运行培训系统。但大公司和小公司之间的利益冲突，大公司倾向于投资导向的培训，小公司倾向于生产导向的培训，小公司主导雇主的协会，结果是学徒制度的数量增加、质量下降，学徒制结束后受教育的机会减少。在德国，商会有权批准雇主的培训计划，并在培训结束时对学徒进行评估。然而，这是德国特有的做法，在荷兰和爱尔兰，大部分或所有这些任务都落在以部门为基础或以职业为基础的机构身上，而在瑞士和英国，这些机构与公共检查员分担相关任务。但由于缺乏直接的法定支持，雇主协会常常无法维持与其成员需要相称的培训规模，更不用说更广泛行业的培训了。

也有学者认为，在某些情况下，作为雇主和雇员代表联合管制的一部分，雇员代表是学徒制度成功的关键条件。不过，学徒（员工）代表对学徒制成功的潜在贡献取决于工会和劳资委员会的目标。在一定程度上，工作委员会可以降低管理者和员工之间在技能相关问题上的成本和信息不对称，增加双方之间的信任，学徒制培训的效率可以提高。特别是，工人委员会、工作场所培训委员会和工会培训代表处于有利地位，可以监测培训的质量，从而使雇员和工会确信，用学徒代替成年雇员不会过度威胁到他们的利益。当然，工会的功能远不局限于此，还可以增加成年会员的就业，提高他们的议价能力，回应年轻人的不满，或者增加招聘。但在我国现代学徒制构建过程中，工会的功能发挥不可能达到这种程度，在这一点上中西方存在重要差别，这对西方现代学徒制建构经验的借鉴提出了更高的要求。目前在现代学徒制管理中，迫切需要的解决的是谁代表他们的利益，如何确保学徒的合理地位。劳耐尔（Rauner）和维蒂希（Wittig）观点似乎可以为这一问题的破解提供思路，二者认为，现代学徒制的成功构建应从治理结构与外部支持制度两个维度进行审视。国际现代学徒制创新网络委员会（INAP Commission）在总结欧洲职业教育双元制发展经验的基础上，以备忘录的形式提出了现代学徒制构建的结构、组织和治理标准，试图为现代学徒制新进国家的制度建设提供发展路向。同年，欧洲委员会（European Commission）通过对其成员国中 27 个国家现代学徒制发展状况的回顾与分析，认为影响现代学徒制成功构建的首先关键因素是"健全的制度与管理框架"，并对具体内容进行了归纳。

不可否认，越来越多的国家都提倡学徒制培训，并试图采用制度主义的方法增加政府干预，使集体行动成为可能。从上述文献梳理来看，各国政府实现这一目标的方式通常包括社会伙伴关系、对培训提供财政补贴、学徒合同的法律属性以及教育系统的运作。然而，这些努力的规模和效力可能有所不同，因为制度主义者越来越倾向于制度生成与具体行动者间的互动，不同国家现代学徒制度的建构应具体分析。

第三节　现代职业教育体系相关研究

从现有文献资料中发现，关于现代职业教育体系的文献研究内容主要有：第一，现代职业教育体系的内涵及特征；第二，现代职业教育体系的现状与困境；第三，现代职业教育体系的构建路径与保障措施。

一、现代职业教育体系的内涵及特征

姜大源指出，要弄懂现代职业教育体系的基本内涵，应从分析技能教育与技术教育的内涵出发，认为中等职业教育与高等职业教育乃同类型不同层次、职业教育与普通教育乃同层次不同类型[①]。张鹏顺从终身学习理念、人本主义思想、知识分类与转换理论，又要体现产业的现代特征出发来论述了现代职业教育体系的内涵[②]。关晶、李进认为首先"现代"是一个用来表示时间状态的概念，但"现代"又是一个超越了时间状态的概念，"现代"代表一种特殊的"类"，包含着当前职业教育体系与以往职业教育体系在本质上的特殊差异[③]。宁静认为，现代职业教育体系的内涵在于深刻理解其鲜明的时代性意蕴。当前我国社会正处于传统向现代转型的关键期，职业教育为转型中的中国或中国社会主义市场经济提供所需要的人才，同时，我国社会主义市场经济也为职业教育的发展提供了坚实的物

---

①姜大源. 现代职业教育体系构建的理性追问 [J]. 教育研究，2011 (11)：70—75.

②张鹏顺. 我国现代职业教育体系的内涵与建构路径 [J]. 教育与职业，2015 (3)：5—7.

③关晶，李进. 现代职业教育体系研究的边界与维度 [J]. 中国高教研究，2014 (1)：90—93.

质基础，两者是一对辩证统一的矛盾体①。刘建豪从终身性、市场性、多元性、开放性四方面来论述现代职业教育体系的基本特征②。

二、现代职业教育体系的现状与困境

对于现代职业教育体系的现状与困境分析主要是从职业教育体系内部、思想观念层面、经济层面以及其他相关层面入手进行分析。

(一) 职业教育体系内部

一些学者认为现存职业教育体系整体上看来不完备，如南海，陈娟认为现代职业教育体系存在的主要问题是"职业教育体系完备性不够；职业教育体系的治理方面存在政府管得过宽、市场介入不足的缺陷。"③孟书燕等人认为，当下职业教育体系内部主要存在的问题是职业教育的发展还不能满足我国经济发展的客观需求，具体表现在职业教育的整体规模、结构、质量等方面发展稍显不足④。袁华、张晓玲认为，我国职业教育体系不完善，缺乏引领机制，缺乏有效衔接渠道成为其制度层面的重大缺陷⑤。宁静认为，职业教育发展缺乏科学、清晰的定位，未能实现特色化办学；办学层次狭窄，缺乏上升通道，是阻碍职业教育发展的关键要素⑥。谢莉花等认为，我国职业体系与教育体系仍存在等级、结构和内容的匹配偏差及由此带来的二者之间沟通融合上的问题。对此，我国未来职业体系与教育体系的协调发展应着力转变职业体系划分的视角与结构，理清教育体系

①宁静. 中国特色现代职业教育体系的理论意蕴、困境与出路 [J]. 教育与职业，2015 (13)：5—8.

②刘建豪. 现代职业教育体系的特征及其资源配置原则探析 [J]. 河南科技学院学报，2014 (08)：4—7.

③南海，陈娟. 论中国特色现代职业教育体系及其构建策略 [J]. 职教论坛，2015 (16)：45—48.

④孟书燕，刘改霞，孟嵘泽. 建设"立交桥式"现代职业教育体系的思考 [J]. 湖北函授大学学报，2017 (10)：24—25.

⑤袁华，张晓玲. 构建现代职业教育体系探析 [J]. 继续教育研究，2014 (5)：25—28.

⑥宁静. 中国特色现代职业教育体系的理论意蕴、困境与出路 [J]. 教育与职业，2015 (13)：5—8.

的等级与衔接，重塑两者之间的关联以及构建衔接与贯通的国家资格体系①。郭阳就现代职业教育体系在湘西地区的具体不完备情况作了详细说明②。曾帅等认为当下各级各类职业教育统筹发展，职业教育、普通教育、继续教育沟通衔接，初步构建了人才成长的"立交桥"。但还只是一个框架性的设想，其中各部分的发展实际上是不够充分的。当下现代职业教育体系主要存在产教融合程度不高、国家资历框架构建不全、质量保障体系亟须强化、体制分割局面亟待改变的问题③。

　　有学者从普职衔接的角度来构建现代职业教育体系，如王乃国、杨海华等人，他们认为，在现代职业教育体系的构建过程中，职业教育自身的升学渠道得以突破，在一定程度上改变了原有"断头路"的状态。但与普通教育体系的衔接还不够流畅，普通教育体系与职业教育体系之间联系不够紧密，职业教育依然受到某些不公平的待遇④。王冰然等人认为，现存职业教育体系中还存在某些不足，具体表现为中等职业教育与高等职业教育的衔接机制不健全；职业教育毕业生升学困难，专业化发展程度不高⑤。尚新花认为现代职业教育体系下的中职与本科贯通培养的主要问题在于培养目标不统一、课程设置不合理。培养目标的冲突主要集中在，传统本科院校以培养具有一定理论的科研创新人才为目的，虽然对部分本科院校进行了转制，但转制时间较短，目前仍然沿用了固有的培养目标或仅仅把原有培养目标进行了略微的改动。这就没有很好地契合职业教育培养面向生产、管理和服务一线的高素质技术技能型人才的客观要求。课程设置的冲突体现在，中职与本科院校衔接的课程设置一般采取的是"下延式"或

————————

　　①谢莉花，余小娟，尚美华. 国际职业与教育分类标准视野下我国职业体系与教育体系之间的关系 [J]. 职业技术教育，2017 (28)：74—79.

　　②郭阳. 民族地区现代职业教育体系建设的问题及对策研究——以湘西自治州为例 [D]. 长沙：湖南师范大学，2018：24—34.

　　③曾帅，李小鲁，陈丹雄. 现代职教体系建设的盲区：职业教育与培训一体化的构建 [J]. 广东技术师范学院学报，2018 (06)：1—8.

　　④王乃国，杨海华. 基于供给侧改革的现代职业教育体系构划 [J]. 职业技术教育，2016 (24)：56—61.

　　⑤王冰然，李亮，赵鑫. 建设有中国特色的现代职业教育体系的思考 [J]. 中国成人教育，2014 (19)：19—20.

"对照式"的衔接路径。其本质都是中职与本科院校就所培养专业的课程按照本科院校的统一标准，盲目加大对中职学生的课程考核难度，来要求中本贯通培养的学生达到本科院校的考核标准[①]。

（二）思想观念层面

叶芸认为，在我国，由于长期以来教育观念及思维的影响，职业教育被视为低于普通教育的一种教育类型，由此造成职业教育与普通教育之间的转换较为困难[②]。转换机制的不流畅带来了现代职业教育体系发展的受阻。还有学者对于思想观念对现代职业教育体系构建实施起到阻碍作用有类似想法，如张社宇的《现代职业教育体系构建的障碍因素分析》，张晓莺的《论现代职业教育体系的模式构建与创新研究》，孟书燕、刘改霞、孟澄泽的《建设"立交桥式"现代职业教育体系的思考》，朱丽佳、闫智勇、陈沛富的《现代职业教育体系建设的困境与展望》等。

（三）经济层面

有学者认为，经济新常态时期，现代职业教育体系的深层矛盾制约其健康发展，主要表现为人才供给的结构性矛盾和经费投入的绩效性矛盾[③]。还有学者认为我国已经进入经济新常态发展阶段，在这一时期，面对产业升级与生产方式变革，现代职业教育体系显然没能与之匹配一致。现代职业教育体系存在体系矛盾，从体系内部看，职业院校的办学模式带有强烈的封闭色彩，难以将产业结构升级中所需的新技术、新工艺及新岗位纳入其教育体系中，导致人才培养不能适应社会需求。从体系外部看，国家对职业教育经费投入在不断增长，但职业教育的产出，尤其是对社会的吸引

---

①尚新花. 现代职业教育体系下中本有效贯通问题及对策 [J]. 河北大学成人教育学院学报，2018（03）：82—86.

②叶芸. 教育转换机制：现代职业教育体系运行的关键要素 [J]. 继续教育研究，2018（07）：93—98.

③闫智勇，吴全全. 经济新常态下现代职业教育体系深层矛盾探思 [J]. 中国高教研究，2017（1）：100—103.

力仍然不足，导致经费投入与产出不相称①。

（四）其他相关层面

有学者从其他角度来分析我国现代职业教育体系存在的问题。朱丽佳等人认为，我国现代职业教育体系的构建过程中存在七种制约条件，"即认知困境、表层困境、时空困境、本源困境、关系困境、体制困境和制度困境。"② 和震，杨成明认为，我国现代职业教育体系的构建障碍在于"五对矛盾"，即"服务对象范围的窄化与面向全民职业教育的定位；人才供给的结构性偏差与有效供给需求的扩张；重'引进来'轻'走出去'的现状与实现国际化发展水平提升的目标；内部断层和普职分割的发展状态与可持续发展教育形式的趋向；农村职业教育发展的边缘化与城乡职业教育一体化的发展设计。"③ 吴晓川认为，现代职业教育体系要想取得新进展，需要尽快研究解决六个主要问题，"适应经济转型升级和加速工业化对人才的需求；充分认识我国技术技能型人才和工程型人才的需求结构高移化趋势；从行业企业职业岗位需求出发，明确各层次技术技能人才的培养定位和培养规格；从职业教育培养特色出发，构建以工作过程为导向，各层次相互衔接的职业教育课程体系；掌握现代职业教育行动导向教学模式的运用以及与建立现代职业教育体系相配套的招生考试制度综合改革等。"④

三、现代职业教育体系的构建路径与保障措施

关于现代职业教育体系的构建路径与保障措施主要从四个方面来分析和梳理：宏观层面、中观层面、微观层面、视角创新。

---

①黄翠华. 现代职业教育体系矛盾：表征、原因及治理［J］. 职教论坛，2018（2）：160－164.

②朱丽佳，闫智勇，陈沛富. 现代职业教育体系建设的困境与展望［J］. 职教论坛，2014（1）：39－42.

③和震，杨成明. 论五大发展理念引领下的现代职业教育体系建设［J］. 教育与职业，2017（17）：5－11.

④吴晓川. 建立和完善中国特色现代职业教育体系需要解决的六个主要问题［J］. 中国职业技术教育，2017（15）：5－13.

（一）宏观层面

有学者从国际视野的角度论述我国现代职业教育体系的改革路径，如梁廷方认为可以从目标的国际化、理念的国际化、办学的国际化、体系的国际化等4个方面来实现现代职业教育体系的构建[①]。郝天聪分析德国、美国、澳大利亚三国现代职业教育体系运行的经验，得出现代职业教育体系的有序运行离不开转换机制的保障。具体包含五方面的措施，学分互认机制、课程衔接机制、招生考试机制、协作管理机制、质量监控机制[②]。蒋春洋的《国际视野下的中、高等职业教育衔接：模式、特征与启示》，许竞、郑坚的《加强国际交流与合作助推现代职业教育体系建设》，舒畅的《国际化视阈下高职院校国际交流与合作开展研究》，和震、李玉珠的《基于〈国际教育标准分类法（2011）〉构建中国现代职业教育体系》均对此有所涉及。

从政府颁布法律、法规，政府主导职业教育体系建设、政府在职业教育领域治理能力等方面出发，周文清认为应通过更新理念，实现从"小职教观"到"大职教观"的转变；完善教育制度，变"独木桥"为"立交桥"；改革体制，建立政府联动管理中介机构等方式可以构建出适宜的现代职业教育体系[③]。孟书燕等人通过构建"立交桥式"现代职业教育体系来解决我国现代职业教育体系的构建问题，"转变观念，提升职业教育在整个教育体系的地位；完善相关职教法律，建立健全现代职教法律体系；构建相互衔接的职业教育体系，搭建职业教育立交桥。"[④]

从学校体系的宏观构建出发，陈鹏、庞学光的《大职教观视野下现代职业教育体系的构建》从"职业教育的外部适应性、内部延展性和内外互

①梁廷方. 现代职业教育体系构建的当代意蕴与国际视野 [J]. 教育与职业，2015（35）：5－9.

②郝天聪. 现代职业教育体系运行的国际经验与启示——教育转换的视角 [J]. 教育科学，2018（02）：67－73.

③周文清. 国际视角下我国现代职业教育体系的构建 [J]. 商丘师范学院学报，2013，7：112－115.

④孟书燕，刘改霞，孟嵘泽. 建设"立交桥式"现代职业教育体系的思考 [J]. 湖北函授大学学报，2017（10）：24－25.

通性三个基本维度出发，构建起包含职业启蒙教育、职业准备教育和职业继续教育一体化的内部结构，并通过学科课程渗透、高等预科教育、院校合作联盟和职业精神教育等模式，实现不同层级职业教育与普通教育的横向融合。"①

从宏观经济发展与产业结构调整的方向，张鹏顺认为，"在进行现代职业教育体系的顶层设计时，要体现体系的开放性、整体性、动态性。此外，我国现代职业教育体系还应体现世界性和功能的多样性。在把握现代性内涵的基础上，应架构体系，改善落实现代职业教育体系的环境，加强产教融合，加上中央政府和区域政府的共同努力，建设具有中国特色、世界一流的现代职业教育体系。"

其他宏观层面，唐高华认为，"现代职业教育体系建设要体现高度、宽度、深度、亮度、力度五个维度的内容。从七个方面进一步详细地提出了构建现代职业教育体系的对策，即教育功能的全面性、教育对象的全民性、教育过程的全程性、办学形式的全方位性、教育学制的全贯性、教育体系的全套性和各级各类教育的全通性。"陈宇认为，现代职业教育体系的构建必须厘清三个问题，需要构建三大关系："第一，技术与技能的关系。技能是一种过程性技术，是以人为载体的人化技术，二者之间是伴生、互动关系，技能不是技术的低级形态，其有自身的发展层次和规律。二者对应的教育——技能教育与技术教育均为职业教育的不同类型，而非不同层次。第二，经验与策略的关系，即中职与高职的异同。中职与高职是职业教育的不同层次，中职教育侧重于经验技能的培养，高职教育侧重于策略技能的培养，技能的增长会导致职业教育发展空间的上升。第三，教育内容和教育目标的关系，也就是职业教育与普通教育的等值问题。"张少琴认为，"在建设现代职业教育体系的过程中，必须突破当前我国职业教育水平不高、体系建设不完善、体制机制不活、统筹保障和监管力度不够等四大瓶颈的制约。"

---

①陈鹏，庞学光.大职教观视野下现代职业教育体系的构建［J］.教育研究，2015（6）：70-78.

（二）中观层面

中观层面主要包含职业教育体系内部或职业教育体系与其他子系统的相关论述，陈衍等（2019）主要考察省域内现代职业教育体系建成情况，反映出地方上在现代职业教育体系建设过程中出现了结果、过程、内部、外部上的失范表征。因此，需要优化、创新政策，为地方现代职业教育体系建设探索自信、自主之路。"具体措施为重视地方资源的整合，形成中央引导与地方参与的合力；从区域经济社会发展和产业布局结构出发，服务地方经济发展；加强政策内部可操作性建设，优化地方政策体系机制；关注政策治理的内外统筹，提高国际影响力。"国内地方建设现代职业教育体系的经验，还有如省级行政单位层面的广西壮族自治区、福建省、山东省、浙江省、江苏省、天津市以及地级市如宁波市。

从职业教育层级贯通的角度，王瑞敏，周建辉（2015）认为实现构建现代职业教育体系的着力点在于中职教育、高职教育及应用型本科教育的衔接。袁华、张晓玲（2014）认为，"构建现代职业教育体系，在基础教育阶段推行职业启蒙教育；在中等教育阶段，完善中职—高职、高中—高职的升学渠道；在高等教育阶段，推进高职—技术型本科、中职—技术型本科的建设，适时开展职业教育类的研究生教育，将从宏观层面上推动我国职业教育的大发展。"刘宇陆等（2015）认为，地方本科学校走向融入现代职业教育体系的道路能够充实现代职业教育体系的内容，"主动融入现代职业教育体系是国家加快发展现代职业教育的需要，也是地方本科院校走出发展困境的出路。主动融入现代职业教育体系，有利于提高人才培养质量，增强社会服务能力。"并以上海应用技术学院的真实转型例子来证实，"转型应用技术大学、发展应用技术教育产教融合、增强学生职业发展能力，中本贯通、发展高层次职业教育是地方本科院校主动融入现代职业教育体系的路径选择。"王建兴、李秋宜（2017）认为，"在构建现代职业教育体系过程中，地方高校要准确定位，积极服务于国家宏观战略，适当发展高端职业教育，大力发展专业学位研究生教育，提高学生就业能力，培养应用型人才，打造应用型人才培养特色名校。"尚新花（2018）认为，要解救中本贯通的问题，首先要定位于培养高质量应用技术型人才目标，之后在培养学生成为应用技术型人才的同时，要教育学生首先成为一个完整的人，要以学生的全面发展为本，加强学生的道德教育，助力学生成为德智双全的"现代化"人才。张军平（2019）认为，现代职业教育体系的理想模式首先应该中高职贯通，打破职业教育的"断头状态"。其次，职业教育与更高一级本科院校之间贯通，从而实现职业教育培养人才的新路径。

从普职衔接的角度来构建现代职业教育体系的有王乃国、杨海华（2016）提出，"取消普职比例与分批录取；积极开展普职融通；打破名校壁垒。"并认为这样才能更好地构建起现代职业教育体系。郝天聪的《现代职业教育体系运行不畅的症结与机制创新》（职业技术教育，2017），詹先明的《现代职业教育体系建设中的衔接与沟通》（教育与职业，2015）也论及此点。

从职业教育与培训体系融合的角度，曾帅等（2018）认为，我国现代职业教育体系的构建在于职业教育和培训体系一体化发展，其中核心着力点在于构建好职业教育与培训体系，实现学历证书与资格证书的统一、理论与实操教学的统一、就业与定向培养的统一。

从职业教育与人力资源市场立交的角度，如王文等的《基于产教融合的现代职业教育体系构建》（教育与职业，2016），林瑛、张宁的《职教集团在现代职业教育体系中的角色期待研究》（楚雄师范学院学报，2015）。孙小娅、徐承萍（2015）认为，"要依托职业教育集团化办学，搭建职业教育的人才成长立交桥，推进不同层次职业教育协调发展，增强职业教育的社会吸引力和服务社会的能力"才能完善现代职业教育体系。杨帆（2014）认为，随着经济结构的调整、新型工业化改革，以及加快高技能人才培养的需要，实现"产教深度融合""校企共赢发展"成为推进校企良性互动，使职业教育与社会经济发展紧密相连，是形成"双赢"局面的必由之路。许永华（2016）认为构建中国特色现代职业教育体系是转变经济发展方式和调整产业结构的迫切需求，从确立职业教育类型发展理念、构建科学完备的顶层架构、实施综合职业教育改革试点项目、建立"校企合作、工学结合"办学模式出发可以构建出合适的现代职业教育体系。

其他中观层面的路径，崔景贵、尹伟（2015）从"扩大职业教育的规模和覆盖面；促进职业教育的均衡公平发展；提升职业教育的开放合作水平；加大职业教育的统筹管理力度；加强职业院校的优质资源建设；增强职业教育的社会服务能力"等六方面出发来构建现代职业教育体系。胡彩霞（2017）基于城乡一体化的视角构建现代职业教育体系，"应突破城乡二元结构，以教育制度的现实性与灵活性、教育资源的整体性与协调性、教育对象的公平性与人本性为理念，构建政府层面的现代综合治理、院校层面的统筹和谐发展、社会层面的主动性学习意识养成等路径。"

（三）微观层面

微观层面主要是从学校体系内部的办学理念、专业设置、课程设置等方面出发，郑尔宁（2015）以自动化专业"3+4"分段培养为例，提出了课程衔接的思路。魏民（2014）认为提高职业教育信息化水平有助于职业学校内部的衔接。徐国庆（2014）认为，课程衔接体系所有问题的解决策略，最终都会汇聚到一个根本出发点，即职业能力标准。因此，系统地开发职业能力标准，是现代职业教育体系建立的关键环节。[0]尚新花（2018）认为，中职与应用型本科在课程设置衔接上不能只是简单的添加或删除，而是既要独立又要保持逐步递进，在课程设计上采用整体性的原则。[6]钱青青（2018）以机械专业为例，对中职课程做了详细的论述，以期带动相关专业，以专业为突破口来实现现代职业教育体系的有序运行。

（四）视角创新

在研究的视角方面有所突破，如基于终身教育视角，黄达人、王旭初（2016）"要在终身教育的框架下构建现代职业教育体系，打通人的可持续发展道路。"祝晶莹、徐国庆（2017）认为，在终身教育理念下，职业教育的发展应以学习者可持续发展为导向，将职业教育受众拓宽至社会人士，并打通技术技能人才培养道路，搭建起多类型、多层次、灵活多样、兼容并蓄、畅通的技术技能人才培养体系。谭明（2014）从终身教育理念出发，"认为应该整合开放教育与职业教育资源，构建开放职业教育体系，整合社区与职业教育资源，构建社区性职业教育集团，整合线上与线下职业教育资源，构建数字化职业教育平台，以期构建具有时代特色的终身职业教育体系，为我国的现代化建设提供强大的人力资源支撑。"

基于职业带理论视角，黄波等（2015）认为，在现代职业教育体系建设中，不同类型的学校应找准自己的位置，准确设计自己的发展路向。同时，还应做好培养技术型人才的专业设置并完善技术型和高技能人才的专业技术职务系列，并

认为这是现代职业教育体系建设的核心内容。

基于系统科学视角，周红利、周雪梅（2014）认为，"作为教育体系的子系统，职业教育体系的建构需要考虑整个教育体系的顶层设计。在系统论视角下，传统职业教育体系向现代职业教育体系转变是一个职业系统的自我演化。公办院校与民办院校的竞争、教师与行政官僚的竞争，推动着职业教育体系从行政化向市场化演变。构建现代职业教育体系不是另起炉灶，而是传统体系的完善。"

基于协同创新理论，焦东良（2017）将协同创新理论融入区域职业教育发展中，拓宽区域现代职业教育的建设思路，具体措施包括，"树立大职教观念，推进区域职业教育体制改革；促进区域职业教育与区域特色经济协同发展。"李薪茹、茹宁（2019）认为，我国现代职业教育体系的构建过程中需要全方面考虑职业教育与产业协同发展之间的关系。并重点探讨了产业结构、就业结构与职业教育结构三者协同发展的可行性，提出现代职业教育体系理应对职业教育与产业协同发展投以更多的关注。

基于大职教观视角，陈鹏、庞学光（2015）从大职教观视角出发，"从职业教育的外部适应性、内部延展性和内外互通性三个基本维度出发，构建起包含职业启蒙教育、职业准备教育和职业继续教育一体化的内部结构，并通过学科课程渗透、高等预科教育、院校合作联盟和职业精神教育等模式，实现不同层级职业教育与普通教育的横向融合。"郭晓明（2017）从黄炎培的大职业教育主义的内涵出发分析我国现存职业教育体系的不足，并为构建现代职业教育体系，提出了五个方面的解决方案。"普职共存，横向立交；终身职教，纵向贯通；完善师资队伍；改革课程体系；政府支持，校企合作，全社会参与。"吴琦（2015）从大职业教育理念出发，"认为现代职业教育体系的构建可以从以下五个方面出发：注重职业教育功能的全面性；注重职业教育体系的全民性；注重职业教育过程的全程

性；注重职业教育体系的全套性；注重职业教育体系的全通性"来构建现代职业教育体系。

基于"互联网＋"视角，刘汉一、王稀珍（2017）认为构建现代职业教育体系是一项重大工程，需要创新思维方式的引领。"互联网＋"思维方式有五种表现形式，"跨界思维、共享思维、开放思维、平台思维和数据思维，它们在现代职业教育目标体系、内容体系、运行体系、保障体系和评价体系构建中发挥重要作用。"

第四节　已有研究的不足与本研究欲突破的问题

一、已有研究的不足

分析已有的文献发现，对于我国现代职业教育体系的内涵、外延；我国现代职业教育体系发展现状以及国外发达国家关于职业教育、技术教育、继续教育、培训体系、人力资源市场衔接等方面的发展现状；我国现代职业教育体系的构建路径以及国外发达国家的职业教育体系范畴的构建路径均有所涉及。

通过对有代表性的发达国家职业教育与培训体系进行了文献综述，发现其他国家的职业教育与培训体系均立足于本国具体情况，而且具有很强的政治、经济、文化等方面的内在依赖性。

就国内文献而言，首先，从学校系统内部职业教育层级贯通、普职衔接方面分析发现，已有文献对现实情况的实地调查较少，多是基于主流意识去提供对策、建议，因此，所提出的构建路径偏向于国家政策层面就不可避免，实用性大大降低。其次，就职业教育与培训体系而言，相关文献较少，在可操作层面的职前培训、转职培训、在职培训等方面涉及就更少。再次，就职业教育与人力资源市场而言，已有文献对产教融合、校企合作关注较多且提出了可行性的方案，但随着2017年12月的《国务院办

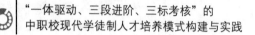
公厅关于深化产教融合的若干意见》的发布，其中提出，"深化产教融合，促进教育链、人才链与产业链、创新链有机衔接"的新时期要求，这就对职业教育与人力资源市场领域的衔接提出了更高的要求。最后，就国内文献的研究视角而言，主要集中在大职教观与终身教育理念的视角，还没有呈现出多元化的局面。

二、本研究欲突破的问题

本研究基于前有研究成果的基础上，从国际视野这一较新的视角出发，整体上构建起一个符合新时期完善职业教育和培训体系，深化产教融合、校企合作要求的现代职业教育体系，落脚点在于培育出具有国际视野与国际竞争力的高素质技术技能型人才，从而使我国职业教育体系真正做到"中国特色，世界一流"。

本研究构建的现代职业教育体系力求实现以下三方面的有序循环运行：其一，学校系统内部职业教育层级贯通、普职衔接流畅；其二，职业教育与培训体系融合；其三，职业教育与人力资源市场高度立交。

第三章　认识清理：成渝双城经济圈中部职校现代学徒制人才培养的基本理论

第一节　高质量职业教育体系构建理论

职业教育是整个教育体系的重要组成部分，现代职业教育体系建设对于推动职业教育发展起着关键作用。在新时期，随着经济社会的飞速发展，我国职业教育业已取得举世瞩目的成就，建成了世界上规模最大的职业教育体系，但是其质量并没有取得很大的提升，不能很好地对接产业界的客观需求，也不能满足社会对高素质技术技能型人才的需要，人们对于职业教育或职业培训的需求也没有得到真正的满足。构建现代职业教育体系能够助推我国职业教育的发展，实现国家战略，满足社会需求，实现人的终身发展，因此，现代职业教育体系的构建就显得尤为重要。

高质量职业教育体系是一个职业教育层级贯通、普职衔接流畅、职业教育与培训体系融合、职业教育与人力资源市场高度立交的一个循环系统。为了实现这一目标，综合运用了文献法、文本分析法、访谈法、德尔菲法收集材料，整理数据，在现实基础、理论探讨、案例支撑及专家意见的基础上完成对现代职业教育体系的构建设想。

一、构建目的

在我国建立现代职业教育体系主要目的是突破正式教育、学历教育、学校教育体系的局限性，承认非正式教育与培训或者各种终身学习活动所形成的成果，更好对接职业教育与人力资源市场，做到人力资源大国向人力资源强国的转变，让职业教育能够起到更好的人力资源开发作用，继而提升职业教育的就业质量，使其培养出来的人才得到更好的配置，为社会主义现代化事业服务。随着经济社会发展，高等教育不断大众化，普通民众对于学历的追求又迎来了一个新的高潮。然而，当下职业教育依然存在一种"断头路"的培养方式，所以为了满足人们对学习的渴望、对更高技术的追求，打通职业教育层级这条暂时不通的路就显得尤为重要。

近年来，我国职业教育事业快速发展，推进了教育结构战略性调整，显著提高了技术技能型人才供给能力，有力促进了转方式、调结构、促升级和改善民生。

二、构建意义

近年来，我国职业教育事业快速发展，推进了教育结构战略性调整，显著提高了技术技能型人才供给能力，有力促进了转方式、调结构、促升级和改善民生并为提高劳动者素质、推动经济社会发展和促进就业做出了重要贡献[①]。但是，面对日益加剧的国际竞争，现存职业教育体系还存在着一些结构性的不足，导致我国职业教育发展不够充分。现存职业教育体系主要存在"贯通""衔接""融合""立交"四个方面的结构性不足：

（一）职业教育层级不够贯通

现存职业教育体系的学制范畴主要包含初等职业教育阶段、中等职业教育阶段、高等职业教育阶段。初等职业学校主要招收的是小学毕业生或同等学力的毕业生，此模式随着我国经济社会发展以及"普九"任务的完成，已经逐步退出了历史舞台。中等职业学校与高等职业院校是我国目前培养技术技能型人才的主要场地，中等职业学校主要培养生产操作一线的初级技工人员；高等职业院校主要培养中级及以上技术人员（毕业生以中

---

①教育部教育规划与战略研究理事会秘书处. 建设中国特色、世界水平的现代职业教育体系［M］. 北京：教育科学出版社，2014：1.

级技术人员为主），培养的毕业生一般也是操作一线管理人员的储备人选；应用技术型本科兴起时间不长，各省还处于试点阶段，且应用技术型本科一般采取的是一批原本科三批次院校、一批原本科二批次的院校、一批高职本科院校等改制而成，学校定位以及培养学生的方案、计划、目标等都还处于探索阶段。研究生阶段目前还不涉及职业教育范畴学生的培养任务。

为了适应时代的发展，职业教育体系理应具有中职、高职、本科、专业学位研究生阶段的培养体系，而且升学渠道理应贯通，不局限于现在中高职对口的 5% 的升学比例限制，也不局限于高职升本的 5% 升学比例限制，还应该不局限于研究生培养只是简单区分学术型与专业型的区别，而应该有更深层次的划分，更多地体现出职业教育本身特色。

（二）普职衔接不够流畅

职业教育与普通教育同为培养人的教育活动，在历史上，二者在整个教育体系中的地位并非固定、一成不变的，而是受整个社会环境、文化、意识观念等方面的发展变迁影响。二者作用孰重孰轻，地位孰高孰低，经历了复杂多变的演化历程，只是在当下环境中，职业教育居于稍次境地，在普职衔接的过程中，职业院校的积极性要稍强于普通院校。

当下学界对于普职衔接的关注重点在于高中阶段的普职融合，代表性论文如《高中阶段教育普职融合：课程改革与制度创新》[①]《高中阶段教育普职融合：现状调查与问题透视》[②]《新世纪以来上海市关于普职融合教育政策：回顾、特征和展望》[③] 都是对我国当前高中阶段普职融合进行了实证性的调研与文本式的回顾与展望。而高于高中阶段的普职衔接层面则几乎不涉及，这也是因为与现行学制、专业门类、培养计划等有关，缺乏了

---

① 柯婧秋，汤杰，马欣悦. 高中阶段教育普职融合：课程改革与制度创新 [J]. 职教通讯，2018（07）：36—41.

② 胡微，过筱，梁裙淇. 高中阶段教育普职融合：现状调查与问题透视 [J]. 职教通讯，2018（07）：27—35.

③ 徐峰，石伟平. 新世纪以来上海市关于普职融合教育政策：回顾、特征和展望 [J]. 职教通讯，2018（01）：21—26.

一定的突破性。

普通教育与职业教育衔接，可以搭建起人才多样化成才路径，要真正体现以学习者为中心的目标，使学习者有更加多元化的成长线路，理应走普职衔接的道路。

（三）职业教育与培训体系融合度不高

现存职业教育体系下的职业院校和职业培训机构理应充分发挥自身优势，面向农民、农村转移劳动力、在职职工、失业人员、残疾人、退役士兵等各类群体，广泛开展形式丰富的教育培训，包括学历继续教育、技术技能培训、高端研修培训、农民工学历继续教育与非学历培训等，努力做好职前、在职、转职培训服务。但是，我国人口基数大，所需的技术技能型人才缺口依旧巨大，且当下的融合是基于现实情况的融合，是因为政策需要、失业人员的再培训、农村转移劳动力等客观需要的培训，然而，本研究希望的是在终身教育理念的指导下，也包含终身职业技能培训指导下，现代职业教育体系是职业院校与所服务的产业、所在的社区、所在的城市，都要建立某种意义上的共同体，实现共同发展，优势互补。

（四）职业教育与人力资源市场立交不够深入

从现代职业教育体系角度来讲，"立交"更多地体现为建立职业教育与就业质量的立交桥上，期望到达一种教育—就业—再教育—再就业的境地，是学习型社会的必然之路，也符合人的职业发展轨迹。然而，现存职业教育体系与人力资源市场的对接上侧重为就业的一次性，也有稍好的职业院校会进行一个就业质量的追踪。正如之前采访的重庆 T 职教中心而言，该中职学校的负责人表示，该校十分重视毕业生的就业质量，就业率常年稳定在 99% 附近，问及有无关于学生毕业离校之后的再就业相关数据时，则表示只委托了相关机构进行一年的就业跟踪调查，再之后就无任何数据。另一方面，在走校企合作，产教融合道路的背景下，职业学校与产业界的联系程度在上升，但还没有达到深度立交的程度。可见职业教育与人力资源市场的立交之路还需努力。

三、构建内容

2014 年颁发的《现代职业教育体系建设规划（2014－2020 年）》中明确提出，"职业教育体系内部，系统构建从中职、专科、本科到专业学位研究生的培养体系，在确有需要的职业领域，可以实行中职、专科、本科贯通培养。"① 当下学界对于职业教育体系内部教育层级贯通的关注重点仍在中高职贯通领域，因为应用技术型本科目前还处于试点状态，把职业教育延伸至专业学位研究生教育阶段还处于理论探讨阶段。

新时期，我国经济社会发展出现新的变化表现为经济结构战略性调整是加快转变经济发展方式的主攻方向，为此必须转型升级，根据科技进步新趋势，发挥我国产业在全球经济中的比较优势，提高产业核心竞争力。在提升现代产业体系核心竞争力方面，现代职业教育体系是大有可为的，针对重点产业结构调整和产业布局调整，职业院校适时调整专业设置和培养规模，以满足当下产业界发展的需求。

在与现代产业体系实现对接的过程中，可以遵循产教融合的理念，走校企合作的道路，方便现代职业教育体系与现代产业体系的高度对接。校企合作模式架起了学校与企业的桥梁，学生便能通过校企合作这种模式学习到更多的知识与技能，完善了职业教育的培养体系，使职业学校学生与就业方很好地衔接起来，满足双方的需求。而且校企合作的运行模式更符合职业人才的成才规律，可以引导人们走学习—工作—再学习—再工作的终身学习模式，为学习型社会的建立提供了可能。

随着知识经济与学习型社会的到来，产教高度融合的现代学徒制应运而生，教育与培训的交集也越来越大，职业教育与产业界的对接也越来越深入。最典型的例子当属德国。德国以双元制为特色的职业教育体系，可以帮助学习者在学校与企业两个培养主体之间完成自由的职业教育转换，这一制度的运行有赖于校企合作培养体系的建立。正是在这种校企合作培

---

① 教育部，等. 现代职业教育体系建设规划（2014－2020 年）［EB/OL］. http：//old. moe. gov. cn//publicfiles/business/htmlfiles∧noe∧noe 630/201406/170737. html.

养体系的保障之下，德国才形成了从学校到工作，再从工作返回学校的职业教育培养模式。

产业体系与现代职业教育体系的高度对接，走校企合作的道路，能使学习者在学校体系与企业间完成自由的转换，也更有利于现代职业教育体系的建立。

四、构建路径

（一）现代职业教育体系的完整性

首先，在现代职业教育体系的视野中，职业教育理应是独立于普通教育的一种教育类型，那么作为一种教育类型，其办学层次性首先应是完整的。在现代职业教育体系视野中的职业教育层次性的完整体现为职业教育层级的完整，参照现在拥有完整体系的普通教育，建立属于职业教育体系的完整层级就显得尤为必要。为了使职业教育不再是"断头教育"，职业教育体系理应建立中职、高职、应用技术型本科、专业学位研究生教育的完整体系，使职业教育层级得以贯通，使职业教育学生的升学路径得以贯通。学校层级的提高，会带来更高学历的职业教育毕业生，也更能适应日益变化的人力资源市场的客观要求。所以现阶段的试点高职本科院校，以及应用技术型高校的转制就弥补了我国现阶段本科阶段职业教育的空白。随着我国经济社会的不断发展，职业教育体系的学校还可以试点研究生阶段的教育，可以借鉴台湾模式，把一些应用技术型大学进行试点，让其具有培养专业学位研究生的能力。中职、高职、应用技术型本科、专业学位研究生教育的贯通培养，体现了现代职业教育体系构建视野下的职业教育层级贯通，是符合职业教育本身的发展需求。但是，在职业教育贯通培养模式下，不能也不应该把职业教育的特殊定位失去，不应该演变为"二等教育类型"，因为我国长期以来的学历教育压制职业教育的风气，不是短时间能够祛除，因此，即使职业教育层级贯通，也不能忘了职业教育的培养目标、定位与普通教育的不同。

其次，现代职业教育体系是为培养更好的人而构建，为了满足学历教育阶段人的多样化发展，普职衔接是一个关注的重点。高中阶段的学生因为自我认知能力还有进一步发展的可能，加之现阶段社会分工的日益多样化，让高中阶段的学生在选择与未来专业相匹配的学科时稍显无助。经济发达地区已经基本普及高中阶段教育，到 2020 年，我国高中阶段的入学率要达到 90%，为了实现这一目标，解决当下高中阶段普职发展不均衡的问题，综合高中模式的出现是一个可供选项，通过综合高中融合课程的学习，学生可以全方面地学习各种课程，为未来职业路的选择多增加一些了解。高中阶段充分学习是为了能够更好地升入下一级学校继续深造，大学阶段以专业为导向的培养模式，可以适当允许普通院校与职业院校的交流、对接，相互学习彼此的优势之处，根据专业学科的特点匹配相应的理论深度与操作深度。

再次，现代职业教育体系视野下除了举办传统的职业教育之外，还应该追求终身教育的实现。终身教育是对现代职业教育体系的再次深化，满足人终身发展的可能，为建成学习型社会贡献自身应有的力量。职业教育与培训体系融合体现在构建现代职业教育体系的过程中逐步实现学历教育和非学历教育、职前教育和职后教育并举且相互衔接的局面，使职业教育能够真正成为助推劳动者成长、伴随劳动者终生发展的生涯教育。

最后，现代职业教育体系是为了培养出更优秀的劳动者而构建的，社会所需的高素质技术技能型人才缺口依然很大，推进职业教育与人力资源市场的衔接，使职业教育培养的人才与人力资源市场所需实现高效对接，提升职业院校就业质量，满足市场所需，这是双赢现象。毕竟职业教育是否具有吸引力，基本特征就在于其与人力资源市场的衔接如何、薪酬高低、有无就业前景。

综上，现代职业教育体系的完整性就在于职业教育层级贯通、普职衔接流畅、职业教育与培训体系协调发展、职业教育与人力资源市场对接适应，从职业教育出发，外部衔接好普通教育、培训体系与人力资源市场，使四个部分相互间得以沟通顺畅，形成一个循环，助力我国经济的发展，提升核心竞争力。

（二）形成职业教育国家决策机制

职业教育的问题并不仅仅只靠教育部这一单一部门就能解决，职业教育毕业生的相关资格认证需要参加人力资源和社会保障部组织的相关考试。人力资源和社会保障部所辖的技工学校，承担了很多的企业培训，这是教育部所辖的中等职业院校、甚至是高等职业院校现阶段很难达到的境地。可见，现代职业教育体系构建过程中，需要形成职业教育国家决策机制，来避免不同部门之间的壁垒。

在澳大利亚和德国都有超出教育或劳动系统的专设机构进行职业教育管理，这些机构一般都是专职机构，并不是政府的组成部分，只是被政府授权从事专业管理而已①。如德国联邦职业教育机构（BIBS）就是超出教育与劳动系统而被政府单独设置的职业教育管理机构。为了避免职业教育管理机构与教育部或人力资源和社会保障部形成权力重叠，造成组织的低效率，可以对部门分工进行细化。传统职业教育管理机构负责行政管理事务，如资金管理、政策管理、与政府对应部门合作等，而新设置的专业职业教育管理机构则主要负责职业教育研究、质量监督、市场开拓等。两套系统可以并行，行政逻辑与职业教育体系逻辑可以和谐共处。当下政府部门在这一点上做出了突破，在2019年1月《国务院关于印发国家职业教育改革实施方案的通知》中提出建立国务院职业教育工作部际联席会议制度。"其由教育、人力资源社会保障、发展改革、工业和信息化、财政、农业农村、国资、税务、扶贫等单位组成，国务院分管教育工作的副总理担任召集人。"②

（三）政策保障

现代职业教育体系的建成是一个试点到推行的循序渐进的过程，这其中各层级政府部门的相关配套法规、条例实行就显得尤为重要。首要前提

---

①臧志军. 职业教育国家制度的比较研究［D］. 上海：华东师范大学，2013：134.
②国务院. 国务院关于印发国家职业教育改革实施方案的通知［EB/OL］. http://www. gov. cn/zhengce/content/2019—02/13/content 5365341. htm.

还是及时修订 1996 版《中华人民共和国职业教育法》，这是我国职业教育领域的根本大法，时至今日已经过去了 20 多年，社会环境的变迁，新的职业教育问题不断涌现，理应对根本大法进行修订，以适应新时期的客观需求。各地政府根据本地具体情况制订配套的法律法规，是保证现代职业教育体系的构建设想能落到实处的政策保障。中央与地方政府协同努力，共同做好政策保障工作。

（四）思想保障

职业教育在当下依然没有得到普通大众的广泛认可，实质上阻碍了职业教育的发展，现代职业教育体系在重塑职业教育地位与贯彻落实相关行动上是相辅相成的。将传统职业教育整合升级，学习者在现代职业教育体系的内部框架中做到自由流通，能够得到更多普通大众的认可。职业教育学历教育体系与产业界高度融合，提升就业质量，薪酬高了、就业好了，才是转变人们认知的根本之法。

充分利用各类媒体，加强对职业教育的正面宣传，从"知识改变命运"到"知识改变命运，技能改变人生"的转变，重塑社会的舆论导向。要进一步更新观念，在全社会积极营造尊重劳动、尊重技能、尊重人才的良好社会氛围，为职业教育毕业生提供良好的升学机会、就业政策与现实环境，进一步提高技术工人、产业工人和职业教育从业者的社会地位，让普通民众重新认识职业教育的价值。

（五）国家专业教学标准的建立

国家专业教学标准是指详细描述专业所面向工作岗位的职业能力要求、人才培养方案、课程标准、专业实施条件等的规范性教学文件。国家专业教学标准就是从国家层面建立一种规范性的教学标准文件，是为人才培养质量与教育教学水平而建立的。既然是国家层面的规范性专业教学标准文件，针对的是人才培养方案、课程标准、教材开发等具体事项，对职业教育教学质量具有评判的作用，同时，国家专业教学标准具有开发投入大、周期长的显著特性，理应由国家层面组织相关的行业协会、课程开发专家、企业、职业院校等共同参与，以期更好地完成此项任务。

国家专业教学标准是职业教育课程的基础性文件，对促进专业建设、规范专业教学、提高教学质量具有重要意义①。职业教育课程不局限于适龄学生在读的学校教育范畴，可以推广到继续教育、职前教育，正如前文所述澳大利亚的培训包与认证课程体系的构建，对已有学习成果的认证将得以实现，继而推动职业教育与培训体系、职业教育与人力资源市场的对接，那么一个以课程为衔接点的大循环将可以有序运行。

（六）师资保障

职业教育要想发展壮大，离不开一支优秀的师资队伍，职业院校要根据自身特性，把培养双师型教师作为人力资源开发的首要任务，努力提高教师的专业技术水平，培养一批又一批的骨干教师出来，带动职业教育蓬勃发展。

鼓励职业院校或其他教育机构聘用企业管理层或专业技术人员到校任教，来自产业界的专业人员可以在一定程度上弥补单一学校教育的不足，从而更全面的培养学习者。从福利待遇方面入手，引进一定量的专业技术人员到校任教，提高职业教育与产业界的沟通程度，客观上拓宽了双师型教师的来源渠道，对职业教育本身的教学质量也有一定的提高。

（七）经费保障

现代职业教育体系的构建与运行是一个庞大的系统工程，为了能使这一系统工程能够顺利有序运转，需要有一定的物质保障作为基础。然而与普通教育相比，职业教育在经费投入上处于各方面的劣势，例如：与普通高等本科学校比较，高等职业院校经费总量占普通高等教育经费总量的比重不到两成，维持在16%左右；从四大经费来源渠道看，普通高等本科学校从各渠道所得的经费总量均大于高等职业院校。其中，普通高等本科院校所获财政性教育经费总量是高等职业院校的4.7倍；获得捐赠收入总量是高等职业院校的18.7倍；获得其他收入总量是高等职业院校的7.1倍；

---

①徐国庆. 职业教育课程地位的理性思考基于宏观政策的视角［J］. 教育研究，2013（10）：48.

获得学杂费等事业收入是高等职业院校的 2.9 倍①。为了使职业教育与普通教育能够协调发展，理应构建与职业教育办学规模和人才培养相适应的财政投入制度，从根本上保障职业教育的正常发展。同时健全政府、行业、企业等力量参与的多元经费投入机制，提高职业院校的筹资能力，多方面的筹集发展资金。

第二节　现代学徒制人才培养的内在机理

职业教育是使受教育者获取职业技能和职业知识，养成职业道德，培养职业素养的教育。传统职业教育过分强调知识体系和教学秩序，忽视学生特点和企业需求，导致培养的学生职业准备不足，不能满足企业对人才的结构性需求。现代学徒制教育将传统学徒培训与现代职业学校教育思想深度融合，实现了企业培训和学校教育结合（校企合作）、受教育者的工作和学习结合（工学结合），在"教、学、做一体化"人才培养模式指导下帮助学习者完成知识学习、技能训练、经验积累和职业态度养成。现代学徒制通过校企协同育人机制，提高了中高职人才培养质量和中高职院校整体教育教学水平，因此受到越来越多理论和实践的关注。

一、匹配职业教育实施的特征

学徒制起源于传统手工学徒制。在传统手工作坊或店铺等真实工作场所，学徒通过观察师傅的操作，感知师傅的知识，揣摩师傅的技艺，并在师傅指导下进行类似操作，在操作过程中不断巩固正确的操作，矫正错误的操作，最终习得师傅的技能。这种师傅带徒弟的职业训练方式最大的优点，是学徒在真实工作场景学习操作技能。但由于师傅的操作思维不可

①张婧. 我国高等职业院校经费投入比较分析及其优化建议——基于 2010—2017 年年鉴数据分析 [J]. 广东技术师范学院学报，2018（04）：7—12.

见，导致只有那些悟性高的学徒才能真正学到师傅操作的精华。而现代学徒制则结合了传统学徒制培训方式与现代职业学校教育的特点，将在真实工作场景中进行高度情景式学习与课堂教学中的理论学习相结合，克服了传统学徒制和传统职业教育的不足，是对传统学徒制的一种发展。在基于工作场所的个体经验建构过程中，现代学徒制始终贯穿着经验学习的内在机制，通过参与学习与非正式学习的途径实现学徒的深度学习。现代学徒制实现了校企双主体协同培养、双主体协同育人、教师与师傅双导师协同教学、学校与企业协同招生、招工与招生同时进行。

二、符合学生职业成才的特点

（一）目标的契合

现代学徒制有利于促进行业、企业参与职业教育人才培养全过程，实现专业设置与产业需求对接，课程内容与职业标准对接，教学过程与生产过程对接，毕业证书与职业资格证书对接，职业教育与终身学习对接，提高人才培养质量和针对性。建立现代学徒制是职业教育主动服务当前经济社会发展要求，推动职业教育体系和劳动就业体系互动发展，打通和拓宽技术技能人才培养和成长通道，推进现代职业教育体系建设的战略选择；是深化产教融合、校企合作，推进工学结合、知行合一的有效途径；是全面实施素质教育，把提高职业技能和培养职业精神高度融合，培养学生社会责任感、创新精神、实践能力的重要举措。各地要高度重视现代学徒制试点工作，加大支持力度，大胆探索实践，着力构建现代学徒制培养体系，全面提升技术技能人才的培养能力和水平。

（二）方法的契合

1. 积极推进招生与招工一体化

招生与招工一体化是开展现代学徒制试点工作的基础。各地要积极开展"招生即招工、入校即入厂、校企联合培养"的现代学徒制试点，加强对中等和高等职业教育招生工作的统筹协调，扩大试点院校的招生自主权，推动试点院校根据合作企业需求，与合作企业共同研制招生与招工方案，扩大招生范围，改革考核方式、内容和录取办法，并将试点院校的相关招生计划纳入学校年度招生计划进行统一管理。

2. 深化工学结合人才培养模式改革

工学结合人才培养模式改革是现代学徒制试点的核心内容。各地要选择适合开展现代学徒制培养的专业，引导职业院校与合作企业根据技术技能人才成长规律和工作岗位的实际需要，共同研制人才培养方案、开发课程和教材、设计实施教学、组织考核评价、开展教学研究等。校企应签订合作协议，职业院校承担系统的专业知识学习和技能训练；企业通过师傅带徒形式，依据培养方案进行岗位技能训练，真正实现校企一体化育人。

3. 加强专兼结合师资队伍建设

校企共建师资队伍是现代学徒制试点工作的重要任务。现代学徒制的教学任务必须由学校教师和企业师傅共同承担，形成双导师制。各地要促进校企双方密切合作，打破现有教师编制和用工制度的束缚，探索建立教师流动编制或设立兼职教师岗位，加大学校与企业之间人员互聘共用、双向挂职锻炼、横向联合技术研发和专业建设的力度。合作企业要选拔优秀高技能人才担任师傅，明确师傅的责任和待遇，师傅承担的教学任务应纳入考核，并可享受带徒津贴。试点院校要将指导教师的企业实践和技术服务纳入教师考核并作为晋升专业技术职务的重要依据。

4. 形成与现代学徒制相适应的教学管理与运行机制

科学合理的教学管理与运行机制是现代学徒制试点工作的重要保障。各地要切实推动试点院校与合作企业根据现代学徒制的特点，共同建立教学运行与质量监控体系，共同加强过程管理。指导合作企业制定专门的学徒管理办法，保证学徒基本权益；根据教学需要，合理安排学徒岗位，分配工作任务。试点院校要根据学徒培养工学交替的特点，实行弹性学制或学分制，创新和完善教学管理与运行机制，探索全日制学历教育的多种实现形式。试点院校和合作企业共同实施考核评价，将学徒岗位工作任务完成情况纳入考核范围。

第四章 实践探索:"一体驱动、三段进阶、三标考核"现代学徒制人才培养模式

第一节 "一体驱动、三段进阶、三标考核"现代学徒制人才培养模式的顶层设计

一、设计依据

现代学徒制作为一种合作教育制度,将传统学徒培训与现代学校职业教育相结合,可能成为破解企业参与职业教育积极性不高难题、优化中职人才培养模式、提高中职人才适应社会发展水平以及完善企业用工制度的最佳途径。《国家中长期教育改革和发展规划纲要(2010—2020年)》明确提出要"调动行业企业的积极性","建立健全政府主导、行业指导、企业参与的办学机制,制定促进校企合作办学法规,推进校企合作制度化",这为现代学徒制的推行提供了有利的政策环境。

2014年5月,国务院下发了《关于加快发展现代职业教育的决定》(国发〔2014〕19号),要求"推进人才培养模式创新","开展校企联合招生、联合培养的现代学徒制试点,完善支持政策,推进校企一体化育人",现代学徒制的发展获得了强有力的政策支持和制度保障。

教育部在《关于开展现代学徒制试点工作的意见》(教职成〔2014〕9号)中指出:"现代学徒制要探索校企协同育人机制;完善人才培养制度和标准;推进招生招工一体化;完善人才培养制度和标准建设;校企互聘共用的师资队伍;建立体现现代学徒制特点的管理制度。要突出学校与企业双主体育人,学生与员工双重身份,教师与师傅双导师教学,实现'五

个对接'（专业设置与产业需求对接，课程内容与职业标准对接，教学过程与生产过程对接，毕业证书与职业资格证书对接，职业教育与终身学习对接）的特点。"

成渝地区双城经济圈位于长江上游，地处四川盆地，东邻湘鄂、西通青藏、南连云贵、北接陕甘，是我国西部地区发展水平最高、发展潜力较大的城镇化区域，是实施长江经济带和一带一路战略的重要组成部分。2011 年，国务院批复，国家发展改革委印发《成渝经济区区域规划》；2016 年，国家发展改革委、住房和城乡建设部联合印发的《成渝城市群发展规划》明确，到 2020 年，成渝城市群要基本建成经济充满活力、生活品质优良、生态环境优美的国家级城市群；2030 年，成渝城市群完成由国家级城市群向世界级城市群的历史性跨越。

2020 年 1 月 3 日下午召开的中央财经委员会第六次会议，研究决定要推动成渝地区双城经济圈建设，在西部形成高质量发展的重要增长极。2020 年 10 月 16 日，中共中央政治局召开会议，审议《成渝地区双城经济圈建设规划纲要》，中共中央总书记习近平主持会议。会议指出，当前我国发展的国内国际环境继续发生深刻复杂变化，推动成渝地区双城经济圈建设，有利于形成优势互补、高质量发展的区域经济布局，有利于拓展市场空间、优化和稳定产业链供应链，是构建以国内大循环为主体、国内国际双循环相互促进的新发展格局的一项重大举措。

2020 年 12 月 29 日，《四川省人民政府、重庆市人民政府关于同意设立遂潼川渝毗邻地区一体化发展先行区的批复》（川府函〔2020〕259 号）指出："按照统一谋划、一体部署、相互协作、共同实施"的总体要求，立足成渝、联动双城、先行先试、形成典范，推进基础设施、产业发展、生态环保、机制创新、公共服务等一体化，助力打造区域协作的高水平样板，建设联动成渝的重要门户枢纽，对成渝地区中部崛起形成重要支撑；遂宁市人民政府、潼南区人民政府要切实加强组织领导，进一步细化建设目标，完善工作机制，落实重点任务，认真做好发展规划的编制和实施，加快推动遂宁潼南一体化发展。

遂宁市人才工作领导小组办公室关于印发《遂潼人才一体化发展"十个一"合作项目》的通知（遂人才办〔2020〕1 号）指出："两地互派一批

学校管理干部、骨干教师、学科带头人、专家名师到相应学校跟岗实践研修，共同举办学术研讨会和高峰论坛。"

二、"一体驱动、三段进阶、三标考核"现代学徒制人才培养模式的含义

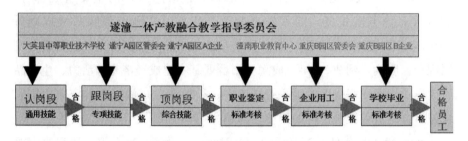

图4-1 "一体驱动、三段进阶、三标考核"现代学徒制人才培养模式

四川省遂宁市大英县中等职业技术学校、重庆市潼南职业教育中心和企业在产业园区管委会的激励驱动下，成立"遂潼一体"产教融合教学指导委员会，指导遂潼中等职业学校以"行业企业合格员工"为人才目标导向，强化并落实人才培养认岗、跟岗和顶岗三段能力递进过程，严格把好行业规范标准、企业用工标准和学校毕业标准三大考核关，构建确保专业人才培养质量的"一体驱动、三段进阶、三标考核"现代学徒制人才培养模式。

（一）"一体驱动"——人才培养的动力

现代学徒制人才培养模式是校企合作下的一种校企双主体育人模式，校企的深度合作是开展现代学徒制人才培养的前提。

1. 校企合作在现代学徒制人才培养中的发展瓶颈

大中专职业院校为谋求自身发展、抓好教育质量，采取与企业合作的方式，有针对性地为企业培养人才，注重人才培养的实用性与实效性。校企合作是一种注重培养质量，注重在校学习与企业实践，注重学校与企业资源、信息共享的教育模式。校企合作做到了应社会所需，与市场接轨，与企业合作，具有实践与理论相结合的全新理念，为教育行业发展带来了

一片春天。2017 年 10 月 18 日，习近平同志在十九大报告中指出，完善职业教育和培训体系，深化产教融合、校企合作。校企合作适应社会与市场需要，学校通过企业反馈与需要有针对性地培养人才，结合市场导向，注重学生实践技能培训更能培养出社会需要的人才。学校与企业信息、资源共享，利用企业为其提供设备，企业也不必为培养人才担心场地问题，实现让学生在校所学与企业实践有机结合，让学校和企业的设备、技术实现优势互补，节约教育与企业成本，是一种"双赢"模式。

近 30 年来，我国大力推进工学结合、校企合作的发展模式，企业、职业学校、政府都积极开展了多种形式的合作。随着经济的发展，这些合作无论是在中等职业教育，还是在企业的技术开发、改造方面都显示出强大的潜力和优势，形成了种种可借鉴的校企合作模式。

我国校企合作的形式或模式虽多，但经过深入分析可以发现，实际都是对国外一些校企合作形式或模式某个方面的借鉴与改造，理念上并没有创新，至今仍是处于浅层次、低水平的合作阶段。与发达国家相比，特别是与我国社会经济发展的需求相比，我国校企合作中的体制、机制、规模、层次、水平、效果等瓶颈仍然制约着我国校企合作向深层次发展，在校企合作的主体因素中企业、学校和政府等还面临着诸多困境。校企合作中企业的积极性问题是世界范围内存在的共性问题，在我国表现得尤为突出，在合作的主体因素政府、学校、企业中，企业的积极性最难调动。校企合作中学校一厢情愿，"一头热"的现象普遍存在。许多职业学校并非不想搞校企合作，无奈剃头挑子一头热，学校热而企业冷，至今仍望"合"兴叹。造成企业不合作的原因有：

一是企业缺乏与学校合作的动力。

在由计划经济管理体制向市场经济管理体制转型的过程中，企业研发、吸纳科技成果的动力和能力均不足，相当多的企业过分追求近期利益，往往拼资金、拼设备，最大限度地使用人、财、物的潜力。普遍不愿很好地与学校、科研院所协作，大量科技含量高、市场潜力大的科技成果难以在企业中得到转化和推广应用。

二是企业对技能型人才需求的观念陈旧，认识错位。

多数企业认为教育和培养人才是职业学校单方面的责任和义务，对人才培养还缺乏深刻、长远的认识，只想"伸手拿来人才"，很少或根本不想参与人才的培养工作；没有认识到企业是职业教育的直接受益者，企业有对职业教育投入的责任；没有看到企业对职业教育的投资，是企业的生产性投资，企业设备和设施只发挥生产作用，没有发挥教育和培训作用，致使不少企业没有感受过与职业学校合作的过程，不能判断校企结合是利大于弊，还是弊大于利。

三是法律、法规、政策、制度的缺失。

由于没有相应的法律、法规、政策、制度的约束，企业参与校企合作的积极性不高。企业参与职业教育最直接、最根本的问题是经济利益的得与失，经济效益是企业参与校企合作教育的主要动因。在没有法律、法规、政策、制度保障的情况下，企业参与职业教育支付的额外教育成本，需要自己独立承担，没有主管部门或政府分担。因此，企业可以或可能少量、单次尝试投入这部分资金，但不可能长期投入。

2."一体驱动"破解了人才培养的瓶颈问题

"一体驱动"是指遂宁市的校园企（四川省大英县中等职业技术学校、遂宁市经济开发区汽车产业园区、四川省品信汽车技术服务有限公司）与重庆市潼南区的校园企（重庆市潼南职业教育中心、重庆市潼南区汽车产业园区管委会、潼南广通汽修厂），通过校校合作（四川省大英县中等职业技术学校与重庆市潼南职业教育中心合作）、园园合作（遂宁市经济开发区汽车产业园区与重庆市潼南区汽车产业园区管委会协作）、企企合作（四川省品信汽车技术服务有限公司与潼南广通汽修厂）的形式，由四川省大英县中等职业技术学为发起单位，遂渝的校园企以成渝地区双城经济圈建设和遂潼一体发展先行区等相关文件为指导，共同成立"遂潼一体产教融合教学指导委员会"。由于遂潼两地园区管委会的有效介入，共同驱动两地的现代学徒制人才培养工作，从而有效破解了现代学徒制人才培养的瓶颈问题——校企合作。

（二）"三段进阶"——培养过程的关键

在"遂潼一体产教融合教学指导委员会"的指导驱动下，以专业人才培养目标为导向，以专业人才培养方案为依据，将整个人才培养过程设计

为认岗、跟岗和顶岗三个能力提升段。每个能力提升段有明确的能力提升
目标，采用过关晋级的游戏方式，由行业通用技能、行业企业专项技能逐
步向行业综合技能递进，最终实现人才培养的素养、知识和技能目标。通
俗地讲，只有当认岗段的行业通用技能达标以后才能晋级到跟岗段的行业
企业专项技能的学习；当跟岗段的行业企业专项技能达标以后才能晋级到
顶岗段的行业综合技能的学习；当顶岗段的行业综合技能（操作规范、操
作技巧等）达标以后才能申请考核。

图 4-2　学生参加晋级考试

表 4-1　"三段进阶"内涵一览表

过程	时间段	培养形式	能力目标	晋级方式
认岗段	1、2学期	课堂、参观	行业通用技能	学校操作考核
跟岗段	3、4、5学期	课堂、师带徒	行业专项技能	师傅考核
顶岗段	6学期	师带徒	职业综合技能	职业技能鉴定

（三）"三标考核"——人才出口的保障

培养具有创业精神和实践操作能力的技能型人才，是中等职业学校的
根本任务。为切实保证人才培养质量，必须进一步加强学校教学工作，不
断深化教育教学改革，加强教学基本建设。而人才培养本身是一项长远规
划的历史工程，是一项难以一时测评效果如何的细致工程，更是一项关系

到各类环节的综合工程，因此如何评价中等职业学校人才培养质量，关系
到学校人才培养工作实际，对以后工作开展具有深远影响。

　　中等职业教育作为一种特殊的教育产业，同所有的产业一样，都要遵
循产业发展的基本规律，但由于职业教育工作不能直接创造物质财富，因
而是一项特殊产业。它的特点是生产周期长、投资大、见效慢，生产的
"产品"不能直接产生经济效益，不能直接收回成本，更不可能直接实现
价值增值的生产过程。只能通过学生毕业以后，为社会创造一定的物质财
富，增加整个社会的物质财富，增加社会生产的总量，从而提高整个社会
的经济效益。

　　因此，中等职业学校由于办学使命的特殊性，所以评价内容和评价主
体以及评价方式有所不同。

　　"三标考核"采用由企业、行业以及学校三个考核主体通过岗位生产、
职业技能鉴定和学校理论考试实训操作等考核形式对培养对象的素养、知
识和能力全方位进行考核，确保了人才培养出口的质量关。

表 4-2　"三标考核"内涵一览表

考核主体	使用标准	考核主要内容	结果
企业 顶岗师傅	岗位上岗标准 企业用人标准	操作技能	签订劳动合同
行业职业 鉴定机构	行业职业技能鉴定标准	操作规范 操作技能	签发职业资格证书
学校 职能部门	人才培养目标 学校毕业标准	素养知识能力	颁发中等职业 学校毕业证书

第二节　"一体驱动、三段进阶、三标考核" 现代学徒制人才培养模式的实施策略

一、"一体驱动"的实施策略与案例

(一) "一体驱动"的实施策略

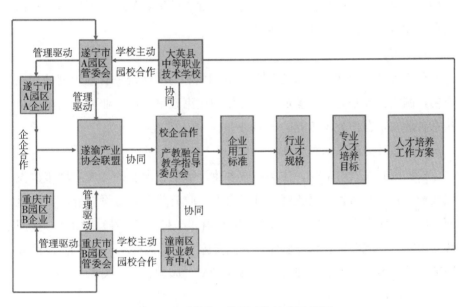

图 4-3　"遂潼一体驱动"流程示意图

1. 第一环节：学校主动，园校合作

遂宁市：

四川省大英县中等职业技术学校根据学校发展规划、专业布局调整以及专业人才培养的需要，在开展广泛行业企业产业调研的基础上，主动联系遂宁市 A 产业园区管委会，通过学校和园区管委会的洽谈协商，在现代学徒制人才培养方面达成园校合作协议。

潼南区：

重庆市潼南职业教育中心根据学校发展规划、专业布局调整以及专业人才培养的需要，在开展广泛行业企业产业调研的基础上，主动联系重庆市 A 产业园区管委会，通过学校和园区管委会的洽谈协商，在现代学徒制人才培养方面达成园校合作协议。

2. 第二环节：管理驱动，多方合作

（1）政策引导，筛选企业

遂宁市：

遂宁市 A 产业园区管委会利用招商引资和对园区统一管理规划的职能作用，制定引导企业积极参加校企合作的优惠政策，从产业园区内筛选出乐意参加校企合作人才培养的 A 企业。

重庆市：

重庆市 A 产业园区管委会利用招商引资和对园区统一管理规划的职能作用，制定引导企业积极参加校企合作的优惠政策，从产业园区内筛选出乐意参加校企合作人才培养的 B 企业。

（2）双城经济，园园合作

根据国家发展改革委、住房和城乡建设部联合印发的《成渝城市群发展规划》和《四川省人民政府、重庆市人民政府关于同意设立遂潼川渝毗邻地区一体化发展先行区的批复》（川府函〔2020〕259 号）指出："按照统一谋划、一体部署、相互协作、共同实施"的总体要求，遂宁市 A 产业园区管委会与重庆市 A 产业园区管委会建立"园园合作"关系。

（3）园区驱动，企企合作

在遂宁市 A 产业园区管委会与重庆市 A 产业园区管委会的园园合作基础上，通过两个园区管委会的共同协作，遂宁市 A 产业园区 A 企业与重庆市 B 产业园区 B 企业建立企企合作关系（注意：AB 两个企业必须是同一个产业链上的上下游企业，双方有合作利益共同点）。

（4）遂潼一体，校校合作

遂宁市教育和体育局与重庆市潼南区教育委员会的共同努力，四川省大英县中等职业技术学校与重庆市潼南职业教育中心在探索现代学徒制人才培养模式上建立校校合作关系。

3. 第三环节：多方协同，产教融合

在遂宁Ａ产业园区管委、遂宁市教育和体育局、重庆市Ａ产业园区管委会、重庆市潼南区教育委员会的协调下，四川省大英县中等职业技术学校、遂宁市Ａ产业园区Ａ企业、遂宁市Ａ产业协会、重庆市潼南职业教育中心、重庆市Ａ产业园区Ｂ企业、重庆市Ａ产业协会多方协同，共同成立"遂潼一体产教融合教学指导委员会"，指导四川省大英县中等职业技术学校与重庆市潼南职业教育中心的现代学徒制人才培养工作。

4. 第四环节：目标导向，共定方案

"遂潼一体产教融合教学指导委员会"广泛开展行业企业人才需求调研，分析各个工作岗位的典型工作任务应该具备的岗位能力，撰写行业人才需求调研报告。

以立德树人为根本，以行业人才通用操作技能标准为导向，融入学校育人文化和企业管理文化，形成行业通用的人才培养目标。

以具体工作岗位操作项目为载体，以专业教学标准为基石，梳理出若干个工作岗位操作微能力点和专业知识点，形成人才培养规格，人才培养规格应包括职业素养要求、职业技能要求、文化和专业知识要求等三个方面。

（二）"一体驱动"工作案例

案例 1：

遂潼一体，助推川渝中部地区人才培养模式创新
——"一体驱动"典型工作案例

工作背景：

2011 年，国务院批复，国家发展改革委印发《成渝经济区区域规划》；2016 年，国家发展改革委、住房和城乡建设部联合印发的《成渝城市群发展规划》，2020 年 1 月 3 日下午召开的中央财经委员会第六次会议，研究决定要推动成渝地区双城经济圈建设，在西部形成高质量发展的重要增长极。2020 年 10 月 16 日，中共中央政治局召开会议，审议《成渝地区双城经济圈建设规划纲要》。中共中央总书记习近平主持会议。会议指出，当前

我国发展的国内国际环境继续发生深刻复杂变化，推动成渝地区双城经济圈建设，有利于形成优势互补、高质量发展的区域经济布局，有利于拓展市场空间、优化和稳定产业链供应链，是构建以国内大循环为主体、国内国际双循环相互促进的新发展格局的一项重大举措。

2020 年 12 月 29 日，《四川省人民政府、重庆市人民政府关于同意设立遂潼川渝毗邻地区一体化发展先行区的批复》（川府函〔2020〕259 号）指出："按照统一谋划、一体部署、相互协作、共同实施"的总体要求，立足成渝、联动双城、先行先试、形成典范。

遂宁市人才工作领导小组办公室关于印发《遂潼人才一体化发展"十个一"合作项目》的通知（遂人才办〔2020〕1 号）指出："两地互派一批学校管理干部、骨干教师、学科带头人、专家名师到相应学校跟岗实践研修，共同举办学术研讨会和高峰论坛"。

四川省大英县中等职业技术学校自 2006 年四川省重点中等职业学校立项创建以来，先后与省内外 50 余家企业开展了校企合作。但由于校企两个合作主体的利益诉求相差太大，企业的主管机构在校企合作方面严重缺位，大部分企业都把企业利益发展首位，导致了校企合作双方中企业方积极性不高，校企合作很难深入，校企合作仅仅停留在企业用工和人力输送方面。

国家提出"成渝地区双城经济圈建设"发展战略后，川渝地区的中等职业学校如何构建发展共同体？川渝两地中等职业学校如何捆绑发展？这给中等职业学校留下了新的探索课题。

工作目标：

创新"遂潼一体驱动"的现代学徒制人才培养模式工作机制。

探索在成渝地区双城经济圈建设和遂潼一体发展背景下，如何建立成渝合作的中等职业学校教学指导委员会的新路径。

探索园校合作框架下的行、校、企合作策略。

工作过程：

第一环节：学校主动，建立园校合作关系。

图 4-4　现代学徒制试点项目工作推进会

　　四川省大英县中等职业技术学校根据学校发展规划、专业布局调整以及专业人才培养的需要，在开展广泛行业企业产业调研的基础上，于2018年6月主动联系四川遂宁高新技术产业园区管委会社会事业与群众工作局，学校与四川遂宁高新技术产业园区管委会社会事业与群众工作局的反复洽谈协商，于2018年9月园校双方达成了"现代学徒制人才培养框架协议"，正式建立了园校合作关系。

　　重庆市潼南职业教育中心在开展广泛行业企业产业调研的基础上，于

2018 年 7 月主动联系重庆两江新区人力资源局，通过学校和两江新区人力资源局的洽谈协商，在现代学徒制人才培养方面建立合作关系。

第二环节：管理驱动，多方合作。

2018 年 10 月，四川遂宁高新技术产业园区管委会社会事业与群众工作局通过多方考察，同时结合企业的人才需求状况，鼓励遂宁申和品信汽车销售服务有限公司参与现代学徒制人才培养工作。

2018 年 10 月，重庆两江新区人力资源局通过多方考察，同时结合企业的人才需求状况，鼓励潼南广通汽修厂参与现代学徒制人才培养工作。

2018 年 10，四川遂宁高新技术产业园区管委会社会事业与群众工作局与重庆两江新区人力资源局建立了合作关系。

在四川遂宁高新技术产业园区管委会社会事业与群众工作局与重庆两江新区人力资源局建立了合作关系的基础上，通过遂渝共同协作，遂宁申和品信汽车销售服务有限公司与潼南广通汽修厂建立企企合作关系（潼南广通汽修厂生产长安品牌汽车，同时为遂宁申和品信汽车销售服务有限公司培训维修人员，遂宁申和品信汽车销售服务有限公司为潼南广通汽修厂销售长安品牌汽车）。

2018 年 10 月，四川省大英县中等职业技术学校与重庆市潼南职业教育中心建立校校合作关系，共同举办了 2020 年遂潼师生技能大赛。

第三环节：多方协同，成立"遂潼一体产教融合教学指导委员会"。

2019 年 1 月，在四川遂宁高新技术产业园区管委会社会事业与群众工作局、遂宁市教育和体育局、重庆两江新区人力资源局、重庆市潼南区教育和体育局的协调下，四川省大英县中等职业技术学校、遂宁申和品信汽车销售服务有限公司、遂宁市汽车产业协会、重庆市潼南职业教育中心、潼南广通汽修厂、重庆市汽车产业协会多方协同，共同成立"遂潼一体产教融合教学指导委员会"，指导四川省大英县中等职业技术学校与重庆市潼南职业教育中心的现代学徒制人才培养工作。

第四环节：充分调研，务实指导。

2019 年 2 月，"遂潼一体产教融合教学指导委员会"广泛开展行业企业人才需求调研，分析各个工作岗位的典型工作任务应该具备的岗位能力，撰写了《遂渝地区汽车产业人才需求调研报告》。

2019年4月，"遂潼一体产教融合教学指导委员会"在《遂渝地区汽车产业人才需求调研报告》基础上，制订了四川省大英县中等职业技术学校、重庆市潼南职业教育中心都适用的《汽车运用与维修专业人才培养方案》。

"遂潼一体产教融合教学指导委员会"指导学校的现代学徒制人才培养工作。

工作成效：

创新成立了"遂潼一体产教融合教学指导委员会"，助推了现代学徒制人才培养工作。

探索了园校合作的新机制。

破解了校企合作的瓶颈问题——企业积极性不高。

体会思考：

政府机构是校企合作的动力，产教融合是校企合作的基础，共同利益是校企合作的目标。

如何才能建立校企合作的长效机制，任重道远。

案例2：

联合研判，构建校企共育新常态

"在实践岗位上有企业里的师傅一对一指导培训，每天实践性学习结束后有学校带队教师组织进行总结和考核，我有信心学好专业技能，将来成为企业的优秀员工。"面对学校领导的询问，来自大英中职校现代学徒制试点班的胡晓波如是说。

5月17日下午，大英县教育局副局长、大英中职校校长徐景慧带领专业部、校企办领导一行五人深入遂宁英创力电子科技有限公司开展调研。在企业领导的带领下，徐局长一行先后来到企业工程部、人事部了解企业发展规划、行业前景，岗位设置等情况，并深入生产一线岗位调研，与在企业参加"师带徒"岗位见习的大英职中学生进行对话交流，了解学生在企业的学习、生活情况。看到学生在企业学习兴趣高，自我管理能力强，企业评价好，徐局长十分欣慰，勉励他们一定要把握机遇，借现代学徒制这个平台，练好技能，提高素养，真正成为企业需要的高技能、高素质人才。

图 4-5　领导在企业开展调研

随后，徐局长一行与企业部分领导进行了座谈，双方就学生实践性学习的管理，校企共育机制建设，合作领域的深化和拓展等事宜展开了深入研讨，就现代学徒制实施策略、招生招工一体化实施等问题达成了新的共识。

自 2015 年以来，大英中职校以现代学徒制探索试点项目为抓手，全面深化产教融合、校企合作，构建校企共育新机制。通过一年多探索实践，初步构建了"三段进阶"的晋级式现代学徒制人才培养新模式，建立了与现代学徒制相配套的教学管理及运行机制，顺应了学生成长需要和企业的人才需求。此次调研有助于进一步理清后期工作思路，建立校企联合研判制度，深化校企合作，推动现代学徒制项目工作再上新台阶。

二、"三段进阶"的实施策略与案例

（一）"认岗段"的实施策略与案例

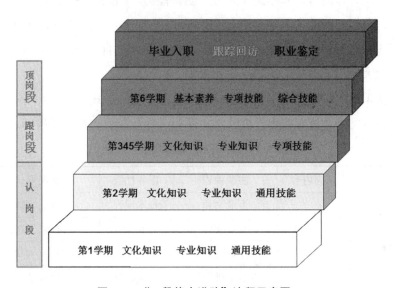

图 4-6　"三段能力进阶"流程示意图

1."认岗段"的实施策略

这一阶段的实施目标是让学生充分认识专业、产业和行业，增强学生对专业的学习兴趣，爱上对应的行业，爱上合作培养的企业。让学生掌握行业的通用技能，培养学生基本的生活技能，教会学生如何在一个陌生的环境中生存下来、适应下来。

要让学生真正爱上专业、行业、企业，就必须在入校后，让学生认识专业、认识行业、认识工作岗位，让学生变成专业人、行业人、企业人。不同的专业、行业、企业，其内涵都是不一样的。

时间段：学生入学后 1～2 学期。

认识内容：

专业、行业、企业的文化认识：包括专业、行业、企业的历史；专业、行业、企业的愿景；专业的优秀毕业生、行业企业的产品等。

基础知识的认识：基础知识包括文化基础知识和专业基础知识。通过学生对基础知识的认识，要让学生明白：只有先学好基础知识，才能学好专业技能、装下技能和综合技能，才能可持续发展。

通用技能的认识：通用技能包括获取信息的能力、学习能力、适应能力、组织管理能力、人际交往能力、创新能力、问题解决能力、团队合作能力、分析判断能力表达沟通能力和客户服务能力等。把与人交往能力、数字应用能力、信息处理、与人合作、解决问题、自我学习、创新革新能力这七大通用能力作为重点认识和培养。

认识形式：课程教学、专家讲座和企业参观等形式。

课程类别：德育课程、公共文化课程、专业课程和素养课程等。

表 4-3　"认岗段"课程策略一览表

认岗时间	认岗内容	主要课程	课程性质	认岗形式
1、2学期	岗位文化	专业文化	校本课程	讲座、参观
		行业文化	行业课程	讲座、参观
		企业文化	企业课程	讲座、参观
	岗位知识	专业基础课程	专业课程	课堂教学
		德育课程	国家课程	课堂、讲座
		文化课程	国家课程	课堂教学
	通用技能	专业技能课	专业课程	校内实训
		体育课程	国家课程	活动
		音乐课程	选修课程	活动
		美术课程	选修课程	活动
		普通话课程	必修课程	活动
		军事化训练	必修课程	活动
		社团活动	选修课程	活动

表 4-4　"认岗段"时间策略一览表

时间段	认岗形式	教师类别	时间	性质
第一学期	课堂理论教学	专任教师	12周	课堂教学
	校内实训教学	专任教师	2周	实践教学
	素质活动课程	专任教师	2周	活动
	行业企业讲座	兼职教师	5次	活动
	企业参观讲座	兼职教师	5次	活动
第二学期	课堂理论教学	专任教师	11周	课堂教学
	校内实训教学	专任教师	3周	实践教学
	素质活动课程	专任教师	2周	活动
	行业企业讲座	兼职教师	5次	活动
	企业参观讲座	兼职教师	7次	活动

2."认岗段"的实施案例

案例3：

四川省大英县中等职业技术学校
汽车维修岗位认岗实习工作方案

一、认岗实习介绍

认岗实习是汽车运用与维修专业人才培养方案的主要组成部分,是一个重要的实践教学环节,它要求学生在学习专业各门课程之前,对本专业所从事的销售、维修活动进行实地参观、了解,对本专业日常生产经营活动形成感性认识,使今后学生学习能联系实际。认岗实习也是其他各实习环节的基础。

二、认岗实习的目的和意义

认岗实习是学生在学习本专业理论、专业技能课程时进行的一个重要实践教学环节,通过认岗实习,让学生对本专业建立感性认识,并进一步了解本专业的学习实践环节,其主要目的和意义为:

深入企业,了解企业经营活动的全过程,以及企业区别于其他行业的特点，使学生形成初步的专业感性认识，为今后学习其他专业知识打下良好基础。

通过实习，培养学生对专业的兴趣，使其在学习上变被动为主动，变消极为积极；培养学生理论联系实际的能力，增强学生分析问题和解决问题的能力；使学生了解本专业工作的作用，使学生认识到学好专业知识的必要性。

在实习过程中，学生们充分接触企业员工，向他们学习不畏困难，实事求是，埋头苦干，无私奉献的精神。

三、实习教学指导小组组成

组　长：彭宇福

成　员：彭鹏、李伟（小）、张艳梅、梁维

四、认岗实习安排

实习时间：新生开学后二周内进行

实习对象：2018级春汽车运用与维修专业现代学徒制试点班学生

实习地点：遂宁品信汽车销售服务有限公司

指导教师：彭鹏、李伟（小）、张艳梅、梁维、周汝强

实习内容：了解企业的组织架构和企业文化，熟悉销售部、维修部等部门的工作职责，认知各岗位员工能力构成，熟悉企业营销策划的思路和程序，熟悉企业市场运作流程。

五、实习要求

实习期间注意自己的着装，不能穿背心、短裤和拖鞋。

实习期间一定要听从带队老师的指挥，不要擅自离队。

不得迟到、早退，如因特殊原因不能按时到达或不能去实习应向带队老师请假。

实习期间仔细观察，认真听老师或师傅的讲解，遇到不懂的地方可以提出来，随时做笔记。

实习期间要严肃认真，禁止喧哗打闹。

六、实习考核评价

表 4-5　实习考核评价

评分内容	评价目标	评分标准	评价方式	评价分值
实习报告	考核学生对汽修销售维修知识、方法的理解与解释能力	报告的书写质量、字数、规范性；报告内容的完整性；与专业的相关性；对专业的前瞻性	教师评价	40%
过程考核	端正学生认岗实习态度，培养学生组织性及纪律性	学生在的积极性、出勤表现，根据学生的综合表现进行评分	企业教师评价60%，校内教师评价40%	60%
综合得分	100			

（二）"跟岗段"的实施策略与案例

1. 跟岗实习的文件依据

2015 年 7 月，中华人民共和国教育部发布《教育部关于深化职业教育教学改革全面提高人才培养质量的若干意见》（教职成〔2015〕6 号），要求有效开展实践性教学，积极推行认识实习、跟岗实习、顶岗实习等多种实习形式，强化以育人为目标的实习实训考核评价。

2016 年 4 月，教育部等五部门联合印发《职业学校学生实习管理规定》，要求学生参加跟岗实习、顶岗实习前，职业学校、实习单位、学生三方应签订实习协议，明确各方的责任、权利和义务。

2019 年 6 月，中华人民共和国教育部发布《教育部关于职业院校专业人才培养方案制订与实施工作的指导意见》（教职成〔2019〕13 号），要求积极推行认知实习、跟岗实习、顶岗实习等多种实习方式，强化以育人为目标的实习实训考核评价。

2020 年 9 月，教育部等九部门印发《职业教育提质培优行动计划（2020—2023 年）》（教职成〔2020〕7 号），要求加强实践性教学，实践性教学学时原则上占总学时数 50% 以上，积极推行认知实习、跟岗实习、顶岗实习等多种实习方式，可根据专业实际集中或分阶段安排。

跟岗，是指非基础教育的中等职业学校在校学生实习方式之一，以跟岗学习（跟着师傅干、辅助工作、辅助完成）为主，区别于顶岗实习（自己干、独立工作、独立完成）。

也就是指不具有独立操作能力、不能完全适应实习岗位要求的学生，由职业学校组织到实习单位的相应岗位，在专业人员指导下部分参与实际辅助工作的活动。

2. 跟岗阶段的实施策略

（1）目标策略

通过实践锻炼，学会适应社会环境，增强学生在企业、城市或者陌生环境中的自我生存能力和生活技能。

通过跟岗实习，了解所学专业涉及的产业行业现状和发展方向。

通过解决工作和生活中的问题，培养学生勤于思考的学习习惯，提高学生分析问题和解决问题的能力。

亲身感受行业的发展状况，增强社会责任感、使命感，为走向社会、适应社会、融入社会做好充分准备。

培养学生实际岗位的专项工作能力。

（2）内容策略

学习独立生活和解决困难的方法。

学习与同事、与领导相处和沟通的方法，积累步入社会的经验。

了解行业的发展情况和社会需求，为今后的职业生涯规划奠定基础。

学习各种技能与知识，积累专业实践经验，学会运用所学知识去观察、分析实习过程中遇到的问题。

认识安全生产的重要性，树立安全意识，规范安全操作行为。

岗位操作流程、方法和技巧。

（3）流程策略

认岗段面试过关的学生就顺利进入跟岗段学习。跟岗段的学生以岗位的专项操作技能为主，学习内容包含以下三个方面：

劳动素养的养成：以企业文化、规章制度、待人接物的行为习惯、行业的操作规范等为主要实习内容。以完成工作岗位任务为载体，培养学生执行力、专心工作的能力以及责任担当的能力。

文化及专业知识：以学校课堂教学为主的形式向学生传授够用的文化知识和实用的专业知识。

跟岗操作技能：以传统师带徒的形式，一个师傅领岗不超过三个学生，由相对固定的师傅学徒组合在一个操作岗位上跟岗操作一个实习周期。一个周期结束后学生由另一个师傅带领到下一个工作岗位上跟岗实习，依次轮岗跟岗学习，直到完成人才培养方案中所规定的所有专项操作技能的训练为止。

3. 学徒分组

根据"遂潼一体产教融合教学指导委员会"制定的人才培养方案中要求的跟岗实习岗位的种类与数量和跟岗学徒的人数以及学生学习能力情况，由教务处统筹好跟岗实习岗位，做好跟岗学徒分组。可以参考表 4-6 跟岗分组实习表。表中跟岗周期每个组必须相同，否则不能轮岗。

表 4-6　跟岗分组实习表

岗位名称	岗位师傅	组别	跟岗学徒	跟岗周期	备注
××岗位	王××	1	A、B、C	×周	轮岗
××岗位	李××	2	D、E、F	×周	轮岗
××岗位	张××	3	G、H、K	×周	轮岗
注意：不满16周岁的学生不能参加跟岗实习					

4. 师徒结对

为了规范管理，明确企业（师傅）、学徒（学生）、学校（带队教师）的职责，根据跟岗实习分组表，跟岗实习前举行一次"拜师结对"仪式，签订好跟岗实习的校（学校）、企（企业）、生（学生）三方协议书，明确三方在跟岗实习中的职责。每次轮岗后都需要举行一次简单的"拜师结对"仪式，签订好跟岗实习的校（学校）、企（企业）、生（学生）三方协议书。

5. 风险管控

跟岗实习是要求学生（学徒）在真实具体的生产工作岗位上进行"实

弹"练习，虽然有师傅跟岗，但是由于一个师傅跟多岗教学，所以仍然还是有许多安全风险需要管控，否则会出现一些安全事故。每天早上的安全教育必不可少，带队教师、跟岗师傅务必要将每天的安全注意事项、岗位操作规范要求等要素讲到位、强调到位，要求学生（学徒）做好规范的记录，带队教师、跟岗师傅也必须做好记录，记录上要有学生代表签字确认。

6. 师徒结对案例

案例 4：

师徒结对　开创现代学徒制探索试点新局面

2016 年 4 月 5 日下午，大英中职校现代学徒制探索试点项目师徒结对仪式在学术厅隆重举行。参会的电子专业全体师生、企业师傅代表共同见证了这一重要时刻。会上，专业部主任王宇总结了现代学徒制改革创新项目实施以来取得的成绩和存在的问题；电子专业负责人彭宇福主任就现代学徒制项目推进工作做了总结汇报，就本学期工作进行了布置落实；企业师傅代表黄永顺先生对成为学员的全体学生表示祝贺，并对晋级后取得更高资格的学徒的学习和实践提出了具体要求。此次师徒结对仪式标志着企业工程师正式以师傅的身份进驻学校，成为传播企业文化，教授操作技能的中坚力量。开启了我校人才培养模式的全新局面。

图 4-7　大英职中现代学徒制探索试点项目师徒结对仪式

续图 4-7

2015 年，我校被省教厅正式确定为现代学徒制探索试点项目学校。自项目实施以来，学校高度重视，由分管副校长周洪同志作为组长，并选派骨干教师、专业带头人、遂宁市名师共同组建了项目实施小组，制订了项目实施考核细则。在任务书和建设方案的引领下，项目实施小组潜心探索，构建了"学生、学员、学徒、准员工、员工"的五级晋级培养模式。成为引领项目工作的重要主线。依据五级晋级培养模式，学生在校第一年以文化知识和专业理论学习为主。从本期开始，学生通过晋级考试，正式进入学徒阶段的学习，学生的身份开始渐进地向员工身份过渡。校企共育的职责分工逐渐明晰，共育机制在实践中逐步成熟。大英中职校现代学徒制探索试点工作又迈出了坚实一步。

7. "跟岗段"的实施案例

案例5：

大英县中等职业技术学校

跟岗实习考核制度

根据《电子电器应用与维修专业现代学徒制试点工作实施方案》精神，为了保障实习学生的权益，确保学生在跟岗实习期间切实掌握工作岗位所需要的专业技能，特制定本制度。

一、实习模式

1. 身份转换

三年制中职学生，第3、第4、第5学期身份为学徒。

2. 实习时间及实习任务

跟岗实习时间为1年。1年内，完成本专业所有岗位的实习任务。

3. 实习方法

采用岗位达标和跟岗实习方法。在学校确定的实习单位，按照本专业实习专项岗位技能要求和训练时间安排，每位师傅带3个左右徒弟，组成学习小组，对某个岗位进行限定时间的训练，训练结束后进行考核。考核达标后，进入下一个实习岗位，直至完成本专业所有岗位的实习。跟岗实习结束后，学徒须参加第三方评价考核，考核合格后，方可转为准员工。

4. 实习地点

学徒在中标的实习企业或实训基地进行跟岗实习。

二、教学模式

1. 实施"双导师"制。学校确定专业教师作导师，下实习单位指导学徒理论学习；实习单位选派技术人员作师傅，负责学徒岗位技能传授。

2. 推行产教结合。学徒期间，学校指导教师按照专业实习计划和实习大纲中每个岗位的理论知识要求，到实习单位对学徒进行现场理论教学；带教师傅按照专业实习计划和实习大纲中每个岗位的技能要求，在企业对学徒进行专业技能教学，促进知识学习、技能实训、工作实践的融合，推动教、学、做的统一。

三、考核模式

1. 考核时间

采取分阶段考核的方法，在每一个岗位实习结束后进行考核。

2. 考核人员

选派责任心强、教学工作能力强的企业技术人员和学校专业教师，共同对学徒进行评价考核，保障学徒的实习质量。

3. 考核内容

考核内容主要分为三部分。第一部分为学徒在每个岗位实习期间的实习态度、实习表现等；第二部分为学徒在每个岗位实习理论知识掌握程度；第三部分为学徒在每个岗位实习专业技能掌握程度。

4. 考核程序

在完成每个岗位的实习任务后，填写《学徒跟岗期间实习考核表》（表4-7）。第一步，学徒自我鉴定；第二步，学校指导教师按照本专业实习大纲对学徒进行理论考试；第三步，企业带教师傅按照本专业实习大纲对学徒进行技能考核；第四步，学校指导教师和企业带教师傅联合对学徒进行综合考核，并打上该岗位的实习成绩。

5. 考核成绩评定

学徒工作态度、实习表现等占30%，理论考试成绩占30%，专业技能考核占40%。

6. 学徒在每个岗位的理论考试成绩必须在60分及以上，专业技能考核成绩必须在60分及以上（技能等级在初级及以上），综合得分在60分及以上，方为考核合格。有下列情况之一者，跟岗实习成绩为不及格：

（1）未经批准，擅自改变实习岗位的；

（2）未经批准，在校外实习擅自离岗的；

（3）实习期间表现差的；

（4）实习在岗时间未达到规定学时的2/3的；

（5）实习单位鉴定为实习成绩不及格的。

7. 考核结果处理

（1）考核不及格者，延长跟岗实习时间，重新考核达到及格后，方可转入下一岗位实习。

（2）考核分优秀、良好、中等、及格、不及格五个等级。90分及以上为优秀，80~89分为良好，70~79分为中等，60~69分为及格。

表 4-7　学徒跟岗期间实习考核表

专业：　　　　班级：　　　　学徒姓名：　　　　日期：

实习单位		实习岗位	
企业带教师傅		学校指导教师	
实习时间	年　月　日至　　　年　月　日		
自我鉴定	（1）职业素养	□优　　□良　　□一般　　□较差	
	（2）工作态度	□优　　□良　　□一般　　□较差	
	（3）出勤率	□优　　□良　　□一般　　□较差	
	（4）专业技能	□优　　□良　　□一般　　□较差	
	（5）实习手册	□优　　□良　　□一般　　□较差	
实习表现	得分		
	企业带教师傅签名：　　　　日期：		
理论考试	（1）考试内容		
	（2）考试成绩		
	学校指导教师签名：　　　　日期：		
专业技能	（1）考核内容		
	（2）考核成绩		
	（3）技能等级		
	企业带教师傅签名：　　　　日期：		
综合得分	（1）得分		
	（2）实习等级	□优　　□良　　□中等　　□及格　　□不及格	
	学校指导教师签名：　　　　　　日期		

案例6：

大英中职校现代学徒制试点班

企业顶岗实习活动工作方案

一、活动开展时间

2017年9月1日—2018年2月1日

二、活动开展目标

1. 进一步做好"师徒结对"工作教学工作。

2. 学生在生产岗位上初步掌握8个岗位的岗位技能，熟练掌握1～2个岗位技能。

3. 进一步感受企业的管理制度，提高学生对企业的认识。

三、活动开展的地点

遂宁市英创力电子科技有限公司

四、学习内容、时间及企业师傅安排

表4-8 学习内容、时间及企业师傅安排

序号	学习项目	学习内容	学习时间	企业师傅
1	内层线路、AOI	了解内层基本知识：前处理、涂布、曝光、显影、蚀刻、去膜、钻靶基本操作，AOI检验、主物料知识等	2周	刘世锋
2	压合	了解机台操作与保养、基板检验、工单运用、参数调试等	2周	王　博
3	钻孔、发料	了解进料检验，钻孔机基本操作、上PIN、设备保养与点检、工业安全、SOP知识；了解裁切机、磨边机、圆角机操作，主物料知识	2周	王飞云
4	电镀、外层干膜、二次铜、蚀刻	了解电镀前处理、上下料、SOP、工业安全、主物料使用与保管；了解主物料和和治工具、磨刷机、压膜机、曝光机、显影机操作与保养	2周	李大海

续表4-8

序号	学习项目	学习内容	学习时间	企业师傅
5	防焊	了解前处理、单面印刷、网版调试、油墨搅拌、预考、曝光显影等机器操作与保养	2周	钟　阳
6	文字、表面处理	了解架网、调试与印刷、文字油墨搅拌、烤板和检板、SOP；了解表面处理的分类、目的和流程	2周	古林锋
7	成型、电测	了解数控机床操作、铣刀确认与更换、上PIN、SOP、机器保养；了解主物料和治工具、测试机床操作、SOP、工业安全	2周	程　宇
8	FQC、入库包装	了解内控、客户要求特殊规范、不良产品判定、放大镜使用；了解包装流程和注意事项	2周	白前海
9	春节放假	休息	1周	何思志（教师）
10	特长培训	每人强化1～2个岗位	2周	艾克华（领导）
11	机动	入厂前、总结、离厂等	1周	何思志（教师）

五、参加对象

现代学徒制班取得"准员工"资格的全部学生。

六、具体时间安排

1. 准备阶段

(1) 2017年8月26日：组织学生参加"学徒—准员工"的晋级考试。

(2) 2017年8月27日：确定参加本次现代学徒制试点班顶岗实习活动的学生名单。

(3) 2017年8月28日：校企合作办公室对接英创力电子有限公司，形成本次企业实践教学活动的工作管理意见上报学校办公室。

(4) 2017年8月29日：学校与企业一道对此项活动进行宣传动员。

2. 组织实施阶段

(1) 校企办牵头拟定学生到企业参加实践的安全协议。

（2）制定学生企业实践考核评价表。

（3）带队教师安排及要求。

表 4-9　带队教师安排及要求

时间段	带队教师	工作内容	要求
第 1 学月	何思志	1. 组织、协调、学生管理 2. 健全学生活动档案 3. 企业文化的辅导 4. 做好学生的考核评价	1. 按时到岗到点上班、组织管理有序 2. 参照企业上班管理
第 2 学月	曾光林	1. 组织、协调、学生管理 2. 辅导车间视频监控管理 3. 做好学生的考核评价	1. 按时到岗到点上班、组织管理有序 2. 参照企业上班管理
第 3 学月	石明伟	1. 组织、协调、学生管理 2. 教材开发工作 3. 做好学生的考核评价	1. 按时到岗到点上班、组织管理有序 2. 参照企业上班管理
第 4、第 5 学月	陈克乐	1. 组织、协调、学生管理 2. 教材开发工作 3. 做好学生的考核评价	1. 按时到岗到点上班、组织管理有序 2. 参照企业上班管理

3. 总结考核阶段

本次企业实践活动由带队教师和企业师傅共同考核，实践结束时，由学校及企业联合进行总结表彰。

（三）"顶岗段"的实施策略与案例

1. "顶岗段"的实施策略

顶岗实习是全面贯彻落实教育部《关于深化职业教育教学改革全面提高人才培养质量的若干意见》文件精神，以服务为发展宗旨，以促进就业为导向，走产学结合发展道路，培养高素质技能型专门人才，深化教育教学改革，强化专业内涵建设，提高人才培养质量的重要举措；也是推进现代学徒制人才培养模式改革的重要内容。坚持理论联系实际，注重学生专业能力培养，加强职业道德教育，加强职业技能训练，通过顶岗实习提高学生的综合能力和就业竞争力，达到从业基本要求，最终实现顺利就业。

（1）顶岗流程

①准备阶段

学校或专业部详细考察顶岗实习企业，与企业洽谈顶岗实习内容，学校与企业签订顶岗实习校企合作协议书。

根据企业要求，召开顶岗实习动员大会，提出具体的实习要求，确定从跟岗段晋级到顶岗段学徒的名单。

对顶岗实习学生进行实习安全教育和实习前的岗位培训，应包括学生签名已知晓的安全教育内容。

召开顶岗实习学徒的家长会，家长在顶岗实习告知书上签字。

学生填写顶岗实习申请表，家长签字。

学校与学生、学生与顶岗实习企业签订顶岗实习协议书。

各专业部制定各专业顶岗实习计划、顶岗实习大纲、确定顶岗实习指导教师，并报学校对外合作办公室。

教务处和各专业部要做好教学计划的调整，为学生制定详细的授课方案和考核方案，包括三标考核的组织等工作。

专业部要将顶岗实习学生信息表报教务处对外合作办公室、团委等相关部门。

②顶岗阶段

专业部整理顶岗实习学生信息表，对实习学生通过微信、QQ、电话、实地考察等方式进行跟踪，并做到及时更新，每周上报到学校对外合作办公室。

各专业部建立顶岗实习期间紧急情况登记制度，突发的事件要及时汇报。

学校和专业部定期对顶岗实习情况进行检查。

学生填写顶岗实习周志。

各专业部要完成教学计划的安排和考试成绩的评定。

③总结表彰

学生上交顶岗实习实习鉴定表。

学生上交顶岗实习报告。

教务处给出学生顶岗实习成绩。

召开顶岗实习经验交流会。

学校对顶岗实习先进进行表彰。

（2）集中顶岗

学生集中到企业进行顶岗实习，必须选择专业对口或者专业相近的工作岗位。对外合作办公室联系的顶岗实习单位，由学校和企业签订顶岗实习协议，学校负责和企业的联系沟通，安排学生进入实习企业，专业部按照顶岗实习的安排程序，负责完成学生顶岗实习各类手续的办理和实习指导。

对于学生实习人数比较集中（100人以上）的顶岗实习单位，由对外合作办公室协调，各专业部分别派驻顶岗实习指导教师轮流到企业，保证实习企业里一直有我校教师进行管理。

（3）组织管理

①加强领导，责任明确

成立学生顶岗实习领导小组，校长任组长，全面负责学生的顶岗实习工作，德育副校长任副组长，分管学生实习期间的思想政治工作以及学生的安全。

对外合作办公室负责全校顶岗实习工作的管理，同时团委、德育处、教务处分别确定一人专门负责此项工作。

学校外合作办公室要明确顶岗实习各环节的责任，规范顶岗实习全过程，制定规范的流程、协议和各种工作样表，全程监控顶岗实习的运行，研究解决顶岗实习中出现的各种问题，确保顶岗实习工作的顺利实施。对外合作办公室要定期召开实习情况通报会，要深入研究学生实习期间思想政治工作的新途径，保证学生实习期间学生的思想政治教育不断线。

②成绩评定

教务处负责教学任务的完成和考试成绩的评定工作。学生顶岗实习期间，如仍有部分课程没有结业的，由教务处另行安排时间（如双休日、假期等），通过集中辅导、送教上门、学生自学、网上学习和指导等形式来完成，同时做好这部分学生的成绩考核、评定工作。保证让学生顺利完成学习任务，参加考试的成绩评定，以及毕业环节的考核。

③顶岗管理

教务处做好毕业生的信息采集与照相的合理安排，毕业手续的办理、学籍资料的填写等每一个细节具体的方案。帮助实习学生签订就业合同，毕业生的跟踪调查和就业信息统计等工作。

（4）顶岗要求

顶岗实习是学校教学计划的重要组成部分，所有学生都必须按专业人才培养方案的要求按时参加顶岗实习。

在顶岗实习前，学生应认真按规定办理相关手续。

在顶岗实习过程中必须有较强的事业心、责任心和吃苦精神，必须认真遵守实习单位规章制度，遵守安全管理规定和工作操作规程，避免安全事故发生。

对于正常安排的顶岗实习，实习学生应当严格遵守学校和实习单位的规章制度，服从管理。学生在实习单位应尊重企业师傅，要服从分配，认真工作，并遵守单位的保密制度。若遇到问题，应及时与企业师傅或学校带队教师联系，由学校与实习单位协商解决。若因学生原因给学校声誉造成不良影响，学校将根据有关规定给予相应处分。

保持与学校的联系，每周至少要与班主任联系一次，汇报顶岗实习情况。因联系电话和工作地点发生变动时要及时通知班主任和对外合作办公室。

要严格遵守实习单位的考勤制度和纪律，不准无故旷工、迟到、早退，不准寻衅闹事和打架斗殴。如果由于违反单位的管理规定或因品德表现等原因被实习单位退回学校，或擅自离开实习单位的，严格按照学籍管理的有关规定处理。否则视为实习成绩不合格。

认真写好顶岗实习周志和顶岗实习报告，为顶岗实习考核提供依据。

（5）成绩评定

学生在顶岗实习期间接受学校和企业的双重指导，校企双方要加强对学生的工作过程控制和考核，实行校企双方考核制度。双方共同填写"顶岗实习考核表"。

学生顶岗实习作单独一门成绩计。考核分两部分：一是企业师傅对学生的考核，占总成绩的70％；二是学校带队教师对学生的评价，占总成绩的 30%。

学生要写出实习报告，学校带队教师要对学生实习报告及时进行批阅、检查，给出评价等级。

考核方式为等级制，分优秀、良好、及格和不及格四个等级。

2. "顶岗段"的实施案例

案例 7：

大英县中等职业技术学校

顶岗实习考核制度

根据《现代学徒制试点工作实施方案》精神，为了保障实习学生的权益，确保学生在顶岗实习期间切实掌握工作岗位所需要的专业技能，特制定本制度。

一、实习模式

1. 身份转换

三年制中职学生，第五学期跟岗实习考核合格的学生第六学期身份为准员工。

2. 实习时间及实习任务

顶岗实习时间为半年，即整个第六学期。在半年时间内，完成本专业岗位的实习任务，并进行综合考核，考核合格、符合毕业条件，转为企业员工。

3. 实习方法

采用顶岗实习方法。由顶岗实习企业根据企业需求、专业需求安排专业对口的实习岗位。

4. 实习地点

准员工可通过学校推荐或招聘会等方式到任何企业进行顶岗实习。

二、考核模式

1. 考核时间

顶岗实习结束后进行考核。

2. 考核部门

由学校和企业共同考核，实行以企业为主、学校为辅的校企双方考核制度。

3. 考核内容

考核内容分为两部分。第一部分为准员工的自我鉴定；第二部分为企业带教师傅对准员工的实习表现的评价；第三部分为学校指导教师对准员工的评价。

4. 考核程序

在顶岗实习结束后，填写《准员工顶岗实习考核表》（见表4—10）。

第一步，准员工撰写顶岗实习总结；

第二步，企业带教师傅填根据实习表现考核细则，进行打分；

第三步，学校指导教师根据实习生手册完成情况、走访情况等进行评价。

5. 考核成绩评定

企业考核占70%，学校考核占30%。

6. 准员工的综合得分必须在60分及以上，实习等级在及格及以上，方为考核合格。有下列情况之一者，顶岗实习成绩为不及格，不能取得相应学分：

（1）未经批准，擅自变换实习单位的；

（2）未经批准，擅自离岗的；

（3）在实习单位实习期间表现差的；

（4）实习在岗时间未达到规定学时的2/3的；

（5）实习单位鉴定为实习成绩不及格的。

7. 考核结果处理

（1）顶岗实习不及格者，必须进行补顶岗实习，时间为半年，重新考核达到及格后，取得相应学分。

（2）考核最终分优秀、良好、中等、及格、不及格五个等级。90分及以上为优秀，80～89分为良好，70～79分为中等，60～69分为及格。

表 4-10　准员工顶岗实习考核表

班级：　　　专业：　　　准员工姓名：　　　日期：

实习单位		实习岗位	
企业带教师傅		学校指导教师	
实习时间	年　月　日至　　年　月　日		
自我鉴定	顶岗实习总结：		

续表4-10

	考核项目	满分	评分要求	得分
实习表现考核细则	1. 组织纪律	10	遵守国家法律法规，遵守学校和实习单位的有关规章制度，服从学校指导教师和带教师傅的安排	
	2. 工作责任心	8	工作热情，认真负责，有良好的职业道德，服务态度良好	
	3. 学习态度	5	接受学校指导教师和带教师傅的指导，虚心好学，勤奋踏实	
	4. 工作主动性	7	工作积极主动，踏实肯干，不怕脏活、重活，不怕苦、不怕累	
	5. 爱护公物	5	节省水电，不损坏、丢失仪器设备等公物	
	6. 独立工作能力	5	在带教师傅的允许下独立完成任务，有主见或创新精神	
	7. 完成实习任务情况	10	按实习计划和实习大纲的规定和要求完成实习任务，按时完成实习单位和带教师傅交办的任务	
	8. 安全操作	5	严格遵守技术操作规程，规范、安全操作，做到无事故发生	
	9. 技能操作	10	有较好的动手能力，做到"正规、准确、熟练"	
	10. 出勤情况	5	全勤得满分，请假1天扣1分，扣完为止	
	总分	70		
	企业带教师傅签名：　　　　　　日期：			
实习报告、走访等情况	实习报告			
	走访			
	得分			
	学校指导教师签名：　　　　　　日期：			

续表4-10

综合评价	得分	
	实习等级：	□优 □良 □中等 □及格 □不及格
	学校指导教师签名：	日期：

三、"三标考核"的实施策略与案例

"三标考核"是指现代学徒制人才培养模式培养的学生首先通过劳动部门组织的职业技能鉴定标准考核合格并至少获得一个职业工种的初级工及以上的职业资格证书，再通过跟岗或顶岗实习"企业用工标准"考核合格并取得企业用工合同，最后经过学校毕业标准考核合格后方可毕业。

（一）职业鉴定标准考核的组织策略

1. 国家职业资格鉴定

我国的职业技能鉴定体系是在从 20 世纪 50 年代开始形成的传统八级技术等级制度基础上，经过多年的演变发展，经由《中华人民共和国工种分类目录》《中华人民共和国工人技术等级标准》确立的。从 1994 年起，我国就开始试行新的职业技能鉴定制度，并通过在《中华人民共和国劳动法》（1995 年）、《中华人民共和国职业教育法》《中华人民共和国职业资格证书规定》《中华人民共和国职业技能鉴定规定》等法律法规上确定了职业技能鉴定的基本法律地位和政策保障。

现行国家职业资格证书是根据劳动和社会保障部令第 6 号《招用技术工种从业人员规定》（现已废除）从 2000 年 7 月 1 日起开始实行的，由原技术等级证书和技师合格证书合并构成。

国家职业资格证书是国家证书制度的一个组成部分，它通过国家法律、法令和行政条规的形式，以政府的力量来推行，由政府认定和授权机构来实施，国家职业资格证书由中华人民共和国劳动和社会保障部核发，在全国范围内通用，对劳动者的从业资格进行认定的国家证书。它是表明劳动者具有从事某一职业所必须具备的学识和技能的证明，是对劳动者具有和达到某一职业所要求的知识和技能标准，通过职业技能鉴定的凭证，是职业标准在社会劳动者身上的体现和定位。

职业资格证书是表明劳动者具有从事某一职业所必备的学识和技能的证明。它是劳动者求职、任职、开业的资格凭证，是用人单位招聘、录用劳动者的主要依据，也是境外就业、对外劳务合作人员办理技能水平公证的有效证件。

职业资格证书是劳动就业制度的一项重要内容，也是一种特殊形式的国家考试制度。它是指按照国家制定的职业技能标准或任职资格条件，通过政府认定的考核鉴定机构，对劳动者的技能水平或职业资格进行客观公正、科学规范的评价和鉴定，对合格者授予相应的国家职业资格证书。

2021年，为贯彻落实国务院"放管服"改革要求，结合近年来国务院有关部门职责调整、行政审批事项改革等情况，拟对2017年公布的《国家职业资格目录》专业技术人员职业资格部分进行调整。调整后，拟列入专业技术人员职业资格58项，其中，准入类31项，水平评价类27项。

中等职业学校毕业学生的技能水平是否达标，要接受国家职业技能鉴定的考核，所以人才培养基本结束后学校需要组织学生参加相应行业工种的国家职业资格鉴定，获取全国通用的职业资格证书。

2. 职业技能考核鉴定申报流程

申报个人或单位点击××省职业资格工作网"网上报名"窗口，打开所申报鉴定的专题页面，查询考务文件、时间安排和相关要求。

申报个人或单位分别登录鉴定专题"考生报名入口"和"机构报名入口"，个人考生仔细阅读报名须知，在规定时间内按提示填报本人信息，上传符合规格要求的本人电子照片，确认并提交审核，打印《××省职业技能鉴定个人申报表》，完成注册报名；集体组织报名的申报单位由管理员输入用户名和密码，登录填报页面按提示填报考生信息，上传符合规格要求的考生电子照片，确认并提交审核，打印《××省职业技能鉴定单位申报表》、考生汇总花名册（须加盖公章）和《××省职业技能鉴定个人申报表》，完成注册报名。

申报个人或单位在规定时间内携带相关资料到省职业技能鉴定指导中心经办大厅进行现场资格审核。

申报个人或单位分别登录鉴定专题中的"机构报名入口"和"考生报名入口"查询资格审核情况，如通过资格审核，须在规定时间内进行网上缴费，逾期未缴费或缴费不成功的考生或单位视为报名无效，不予安排考试。

完成网上缴费的考生，在规定时间内登录鉴定专题中的"打印准考证入口"自行打印职业技能鉴定准考证。

考生凭职业技能鉴定准考证和身份证（有效身份证明）参加理论知识考试和操作技能考核。

考生在规定时间内可登录××职业资格工作网"成绩查询"窗口查询本人鉴定考核成绩。

考生对鉴定考核成绩有异议的，可在规定时间内向省职业技能鉴定指导中心提出查分申请。

（二）企业用工标准考核的实施策略与案例

1. 企业用工标准考核的实施策略

企业用工标准考核是指学校组织顶岗实习合格的学生到学生有意向就业的企业（包括跟岗实习企业、顶岗实习企业或其他与所学专业对口的企业）参加企业按用工标准组织的招工考核。

中等职业学校的办学使命就是为社会对口的行业企业培养高素质、实用的技术技能型人才。培养出来的毕业生是否是企业需要的人才，是否是实用型人才，那就得接受用人单位的用工标准考核，至少取得一家用人单位的用工合同，方可说明职业学校培养出来的人才能找到用人单位，有一定的实用价值。

企业的考核内容一般分为素养、知识和能力三部分。

素养考核：一般是指执行力强、专心工作和责任担当几个方面。

执行力强：一是听从直接上级的指挥。"一切行动听指挥"，实际上要求的就是员工听从自己的直接上级的指挥，否则越级听命或者越级指挥，都容易造成指挥失误、各自为战的局面出现。二是时间观念强，每天做好自己的《工作日志》，按时保质的完成上级布置的各项工作，不拖延时间、不敷衍工作。三是高度的企业归属感和强烈的团队荣誉感。为了团队的利益，可以抛弃自己的私利，牺牲小我，成就大我，将身心全面融入团队中去。

专心工作：对待工作的专心、专注、专一程度。"专心工作"是好员工必备的一项素质。员工专心工作表现在以下三点：首先，专职工作，严禁兼职。在现实中，大多数的"兼职创业"都是用企业的钱培育自己的"小事业"，最终本职工作没有做好，"兼职事业"也是一团糟，而且特别容易遭人非议。工作是需要我们用心、专心才能去完成的。其次，定岗定员，各负其责。每个员工都有自己最核心的、最专一的、也是唯一的工作。在自己的岗位上，员工就必须发挥自己所有的聪明才智，做好自己的本职工作。如果一项工作同时多人负责，那么最后的必然结果就是谁也不负责，事情越做越糟。最后，聚焦80％的时间和精力从事自己最核心的、本职的工作，这也是最能体现员工个人的价值和能力、为企业创造更大效益的标志。每个员工都有会各种烦琐的杂事，但是作为一名好员工，必须学会"20/80"原则，将你宝贵的时间和精力聚焦到你最核心的、最本职的工作上面去，只有这样，你才能创造出真正大的价值和效用，为企业多做贡献，变相的也验证了自己的价值。

责任担当：企业所喜欢的员工，永远都是那些勇于承担责任的员工，因为他们有自信、有魄力、能带动团队中其他成员共同成长。上级放心，下属拼命，勇于承担责任的员工企业始终青睐。这样的员工，就事论事，不回避、不逃避，勇于面对现实和困难，直面挑战，带领团队中其他成员实现逆境突围。当遭遇问题或者困难时，主动、及时暴露出来，拒绝遮遮掩掩，分析问题并且快速解决问题，同时总结、反省和提高，提高自己的学习能力和解决问题的能力，这样的员工只会越走越顺。

知识考试：一般都是考一些很实用的文化基础知识和专业基础知识。如：应用文的知识、简单的数学知识和英文字母等非常简单的知识。

如一家重庆汽车企业的招工考试的英语考试题是按顺序写出26个英文字母的大小写；数学题是一道年龄计算问题，非常简单；专业知识是一道用电功率计算题，也很简单。

操作考核：企业招工时在招工简章上对操作技能都要求得很清楚，一般都是按照劳动部门组织的职业技能鉴定标准进行要求，如需要有中级证、有操作证等技术要求，所以企业招工时一般不再对应聘者进行操作技能考核了。

2. 企业用工标准考核案例

案例 8:

××企业招工试题

答题时间 45 分钟　　　　　　　　　　姓名：

一、请写出 26 个英文字母大小写（26 分）

大写_____

小写_____

大写_____

小写_____

二、选择题：从备选答案中选取一个正确的，填在括号内（20 分）

1. "难道你认为获得职业上的成功像换电灯泡一样容易吗"这个句子
是（　　）

A. 陈述句　　　　　B. 设问句　　　　　C. 反问句　　　　　D. 祈使句

2. 中国古代最有名的纺织品是（　　）

A. 棉布　　　　　B. 纱布　　　　　C. 丝绸　　　　　D. 腈纶

3. 48 分钟等于多少小时（　　）

A. 0.8　　　　　B. 1.25　　　　　C. 0.48　　　　　D. 1.5

4. "海纳百川，有容乃大"是指（　　）

A. 常用来比喻大海的宽广　　　　　B. 常用来比喻人的性格

C. 常用来比喻人的胸怀　　　　　D. 常用来比喻大海的深度

5. 等边三角形的各个角分别为（　　）

A. 45°　　　　　B. 60°　　　　　C. 90°　　　　　D. 135°

6. ACEI，请根据规律填出字母（　　）

A. F　　　　　B. H　　　　　C. G　　　　　D. J

7. 从水到冰的过程是什么变化（　　）

A. 物理变化　　　　　B. 化学变化　　　　　C. 生物变化　　　　　D. 自然变化

8. 2008 年奥运会的主题是（　　）

A. 新世纪新奥运　　　　　B. 新北京新奥运

C. 绿色北京新奥运　　　　　D. 绿色北京绿色奥运

9. X3＝64，则 X2＝（　　　）

A. 4　　　　　　B. 8　　　　　　C. 16　　　　　　D. 32

10. 2/5＋2/3＝（　　　）

A. 1　　　　　　B. 16/15　　　　C. 1/2　　　　　D. 1/4

三、计算题（24分）

1. 某地区现有用户 100 万户，据统计 2005 年电脑的普及率为 20%，经分析 2006 年电脑的普及率为 25%，则 2006 年将增加电脑多少台？

2. 1 码＝0.9144 米，客户订单 10000 码花边，织机每台每天产量 127 米，共 6 台机器，全部开动需要几天完成订单？

3. a＝6，b＝a/2，c＝b/3，请算出 b 和 c 分别为多少？

4. 小明一家四口人的年龄之和是 147 岁，爷爷比爸爸大 38 岁，妈妈比小明大 27 岁，爷爷的年龄是小明与妈妈年龄之和的 2 倍，问小明一家四口人的年龄各是多少岁？

四、阅读下列短文，然后回答问题（30分）

所谓自信，是只有在"总会有办法"的乐观状态下，才能存在的。应当说自信就是人们的自尊心，就是消除了劣等感之后，对自己能力的再认识与喜爱。真正爱自己，尊重自己的人，才会从他的这种爱中获得足够的灵感，从而将这份美好的情感波及与之相处的所有的人。

案例9:

大英县中职校企业岗位标准考核案例

——以汽车运用与维修专业为例

岗位标准，是对不同岗位人员应具有的素质的综合要求，是衡量是否具备上岗任职资格的依据。紧跟产业发展趋势和行业人才需求，培养德智体美劳全面发展，具有综合职业能力，在生产服务一线工作的高素质劳动者和技能型人才，是中职校人才培养目标。

一、实践背景

为贯彻落实全国、全省职业教育大会精神，服务成渝地区双层经济圈建设，服务四川省"5＋1"、遂宁市"5＋2＋1"和大英县"3＋1＋1"现代产业体系，以及《国家职业教育改革实施方案》做出"建成覆盖大部分行业领域、具有国际先进水平的中国职业教育标准体系""完善教育教学相关标准"重要部署，中职学校完善人才培养标准势在必行。我国汽车维修行业中接受过专业教育的技能型人才比例较低，据有关统计，在当前从事汽车维修行业的技术工人中有38.5%的工人文化程度在初中以下。二、三类维修企业的从业人员大部分甚至都是农民、普通中学毕业生或转岗企业的工人，从业人员文化水平低，服务意识不强，专业知识匮乏的问题，已经成为当前制约汽车行业持续发展的瓶颈。因此，要办好企业，发展企业，就必须有一批具有现代服务意识、掌握专业技能和现代科学技术知识的技能型人才。当今社会，人才质量已由"产品合格"向"企业满意"转化，已经成为学校制定"精准"的岗位标准主要动力。

二、实践目标

学校以"立德树人"为根本任务，以立身有信度、就业有优势、升学有基础、创业有能力为培养目标，制定人才培养标准，健全人才培养体系。制定企业岗位评价标准，遵循理实一体、工学交替的教学方法，探索"一体驱动、三段进阶、三标检测"的现代学徒制人才培育模式，构建校企"双元"育人体系，培养实现自身价值与服务祖国人民结合的情感目标，培养精益求精的工匠精神。

三、实践路径

从2017年至今，学校不断进行创新实践，结合学生认岗、跟岗、顶岗特点和企业实际，探索出"一体驱动、三段进阶、三标检测"现代学徒制人才培养模式。

2019年10月，大英中职校与遂宁品信汽车销售公司成功签订校企合作框架协议，启动"订单式"人才培养模式，双方在互惠共赢的基础上开展深层次合作，形成招生、教学、管理、课程建设多维合作。在教学过程中，通过工学结合和顶岗实习等手段，让学生在学校与企业多渠道开展实训，将理论知识与实践知识有效融合，实现课程内容和结构的重新组织。在管理过程中，校企共同参与管理，将企业的管理制度和学校的管理制度融合起来，让学生提前适应企业的管理模式，增强学生岗位适应能力。在课程建设中，双方共派专业人员参与市场调研，邀请行业专家指导，共同拟定"品信订单班"的人才培养方案，共同参与设置课程、编写教材。

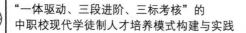
以我校 2018 级汽修 1 班学生为例，作为汽车修理工须通过的企业用工标准考核。

1. 职业概况

本职业共设五个等级，分别为：初级（国家职业资格五级）、中级（国家职业资格四级）、高级（国家职业资格三级）、技师（国家职业资格二级）、高级技师（国家职业资格一级）。根据相关规定及从业要求，我校在校学生只能达到初级水平，因此，以下考核标准以初级为例。

2. 考核方式

第一：认岗阶段

学校组织 18 级 1 班学生到遂宁品信汽车销售公司参观了解，企业主管介绍企业文化，介绍岗位需求、操作流程、质量管理等。学生做好笔记，写出心得体会，交齐相关资料为合格。

第二：跟岗阶段

学校组织 18 级 1 班学生到遂宁品信汽车销售公司跟岗阶段实习，时间为第三、四、五学期，安排 5 人一组分别到机电、机修、钣金、美容、油漆、洗车等技术层岗位，由岗位技师和管理教师从德能勤绩方面考核评价，60 分为合格。

第三：顶岗阶段

学校组织 18 级 1 班学生到遂宁品信汽车销售公司顶岗实习，时间为第六学期，校企生签订三方协议，学校派专业教师参与管理，企业对学生实习进行考核。

表 4-11　品信汽车集团汽车维修用工标准考核

考核人员：	日期：	总分：		
	操作内容	操作要求	分数	得分
一、汽车维护作业	（一）一级维护作业	1. 能正确使用常用工具，会使用扭矩扳手	5	得分
		2. 按车型要求完成润滑和补给作业	5	
		3. 按车型要求完成紧固作业	5	
		4. 按车型规定完成机油、空气和燃油滤清器维护作业	5	
	（二）二级维护作业前的检查	能按车型、技术要求使用仪器进行检验与技术评定，确定维护作业中的小修项目	15	
	（三）二级维护作业	能按车型要求及检验结果完成调整气门间隙、调整怠速、调整点火正时、调整离合器踏板自由行程作业，能检查和调整汽车前轮前束，调整车轮制动器的制动间隙等二级维护作业项目	20	
	（四）汽车的小修作业	能完成更换气门导管、气门座圈，更换气缸垫，铰削转向节主销衬套等小修作业	15	
二、简单故障排除	（一）诊断与排除汽油发动机油路、电路的简单故障	能诊断与排除一般油路的故障	10	
	（二）诊断与排除汽车底盘的简单故障	1. 能诊断与排除离合器的简单故障	10	
		2. 能诊断与排除变速器漏油、轮毂轴承异响、制动毂过热等简单故障	10	

四、实践成效

校企共同构建系统化核心素养培养路径。专业课程引入企业文化，校企共商、共建、共融、共育的方式，深植劳模精神工匠精神，实现传授知识、培养能力和价值观的统一。

深化产教融合校企合作人才培育模式。企业岗位标准制定，将新技术、新工艺、新规范纳入教学内容，体现了与产业需求、职业标准、生产过程的对接，成为中职学校开展各类考核工作的重要依据。

落实专业课课程思政。企业岗位标准结合中职学生身心发展规律，强化劳动教育，弘扬劳动精神、劳模精神，持续深化"三全育人"综合改革。

五、体会与思考

企业岗位标准考核需机制化。学校要在国家相关政策保障下，建立与企业深度合作机制，打造产教融合发展命运共同体，及时将企业新技术、新工艺、管理纳入教学内容，让企业岗位评价标准更细更实，客观评价技能人才。

动态调整企业岗位评价标准。深入领会《教育部关于职业院校专业人才培养方案制定与实施工作的指导意见》，学习国家制定教学标准，紧密对接经济发展产业链、创新链，运用现代信息技术手段，与教科研机构、合作企业等联合开发课程资源，编写活页式教材、说明书式教材和课程标准，动态调整企业岗位评价标准。

（三）学校毕业标准考核的组织策略与案例

1. 学校毕业标准

以教育部关于印发《中等职业学校学生学籍管理办法》的通知（教职成〔2010〕7号）为毕业标准：

第八章　毕业与结业

第三十三条　学生达到以下要求，准予毕业：①思想品德评价合格；②修满教学计划规定的全部课程且成绩合格，或修满规定学分；③顶岗实习或工学交替实习鉴定合格。

第三十四条　学生如提前修满教学计划规定的全部课程且达到毕业条件，经本人申请，学校同意，可以在学制规定年限内提前毕业。

第三十五条　毕业证书由国家教育行政部门统一格式并监制，省级教育行政部门统一印制，学校颁发。采用弹性学习形式的学生毕业证书应当注明学习形式和修业时间。

第三十六条　对于在规定的学习年限内，考核成绩（含实习）仍有不及格且未达到留级规定，或思想品德评价不合格者，以及实行学分制的学校未修满规定学分的学生，发给结业证书。

第三十七条　对未完成教学计划规定的课程而中途退学的学生，学校应当发给学生写实性学习证明。

第三十八条　毕业证书遗失可以由省级教育行政部门或其委托的机构出具学历证明书，补办学历证明书所需证明材料由省级教育行政部门规定。学历证明书与毕业证书具有同等效力。

现在，不少中职学校的毕业率很高，有 95％ 以上，有的甚至达到了 100％，但也有毕业就失业的学生，究其原因主要是中职学校降低了学生的毕业标准。

所以严把毕业出口关，是提高中等职业学校人才培养质量的重要策略。用高质量的毕业出口来拉动招生进口，提高职业学校的招生质量，为培养高素质技能型人才提供生源保障，从而形成良性循环。

"三标考核"就是要求学生经过行业专业技能鉴定、企业用工标准和学校毕业标准三级过关考核。申请毕业考核的学生必须具备两个条件：一是至少取得一项国家职业资格证书，二是至少和一家与专业基本对口的企业签订了一年及以上的劳动协议。通过这样的质量把关，确保毕业生工作能力具有行业通用性而不是仅仅局限于某一个企业，也确保了毕业生毕业后有工作岗位，解决了毕业生首岗的问题，避免了毕业即失业尴尬境地。

学校毕业标准：

顶岗实习考核合格；

至少取得一项由中华人民共和国劳动和社会保障部核发，与所学专业基本对口的职业资格证书；

与一家以上企业签订了 1 年以上的劳动合同；

经德育处思想品德综合考核合格；

经教务处组织的课程评价考核成绩合格；

学校技能考核合格。

2. 学校毕业案例

案例 10:

大英县中等职业技术学校

准员工转为员工(毕业)制度

为了切实提高中职学校的教育教学质量,确保毕业学生真正达到毕业水平,依照《四川省中等职业学校学籍管理规定》《遂宁市中等职业学校学分制实施办法》,根据《电子电器应用与维修专业现代学徒制试点工作实施方案》精神,特制定本制度。

准员工结束顶岗实习后,学校对准员工作进行全面鉴定,其内容包括德、智、体三方面。符合毕业条件者,考核全部合格,准予毕业,发给毕业证书,转为员工。不符合毕业条件者,发给结业证书。准员工转为员工条件如下:

1. 学业成绩考核合格

第 1~4 学期,学生在学校学习文化课程、专业理论知识和技能操作。学生必须学完全部规定课程,考核成绩全部及格。考核成绩未全部及格,在学校规定的时间内进行补考。补考及格后,方可换发毕业证书,但时间必须在结业半年后两年内。

2. 顶岗实习成绩考核合格

第 6 学期,准员工在实习单位进行顶岗实习。

第一,准员工必须完成本专业所有岗位的轮训任务;

第二,准员工的实习表现得分必须在 60 分及以上;

第三,准员工在每个岗位的专业理论考试成绩必须在 60 分及以上,专业技能考核成绩必须在 60 分及以上(技能等级在初级及以上);

第四,顶岗实习全部完成后,准员工在第三方评价机构的考核中,专业理论考试成绩必须在 60 分及以上,所实习岗位须达到初级工要求,其中须有一核心岗位技能达到中级工以上水平。准员工在该学期内未达到上述条件的,延长顶岗实习时间,直至达到要求为止。

3. 顶岗实习成绩考核合格

第 6 学期,准员工进行顶岗实习。在顶岗实习期间,准员工的综合评价必须在及格及以上。顶岗实习成绩不及格者,延长顶岗实习时间,在半年后两年内，重新考核，及格后方可换发毕业证书。

4. 取得本专业相关的职业资格证书

顶岗实习结束后，准员工必须取得本专业相关的职业资格证书。未取得本专业相关的职业资格证书者，在结业半年后两年内，自行参加相关考证，取得职业资格证书后，方可换发毕业证书。

5. 其他

（1）对具备学籍、未完成教学计划规定的课程而中途退学的学生，学校可发给写实性证明。

（2）毕业证书遗失不能补发，但可以由学校发给毕业证明书。

（3）本制度制定的规定如与省、市文件相冲突，则以文件为准。

案例11：

四川省大英县中等职业技术学校
2016春学生毕业考试探索试点实施方案

一、考试科类与方式

（一）考试科类

2016春毕业考试包括公共基础知识毕业考试和专业综合基础知识毕业考试（16春级校内暂不探索试点专业技能的毕业考试，专业技能的毕业考核在顶岗实习单位由校企双方共同组织）。

（二）考试内容

坚持立德树人，科学设计考试内容，强化基础性、综合性、时代性、实践性，全面考核学生掌握公共基础知识和专业综合基础知识的程度，重点考核学生独立思考和运用专业知识解决问题的能力。

1. 文化基础知识考试

包括语文、数学、英语等3门课程。考试内容为《教育部关于制定中等职业学校教学计划的原则意见》（教职成〔2009〕2号）规定的相关课程基础学习内容。

2. 专业综合基础知识考试

按专业类别进行，具体内容为教育部《中等职业学校专业教学标准（试行）》（教职成〔2014〕11号、48号，以下简称《教学标准》）规定的专业核心基础知识及我校制定的《专业人才培养方案》中教学要求。

（三）考试方式

1. 公共基础知识考试

语文、数学、英语 3 门课程采用书面笔试方式，每门课程考试时长 120 分钟，每门满分均为 150 分。

2. 专业综合基础知识考试

按专业类别，采用书面笔试方式。考试时长 150 分钟，满分为 300 分。

二、考试组织与实施

（一）参加毕业考试条件

申请参加本次毕业考试的学生必须同时具备以下条件：

1. 2016 年春季入学且顶岗实习考核合格；

2. 至少取得一项由中华人民共和国劳动和社会保障部核发，与所学专业基本对口的职业资格证书；

3. 与一家以上企业签订了 1 年以上的劳动合同；

4. 经德育处思想品德综合考核合格。

（二）报名方式

参加毕业考试的学生由所在班级统一组织向学校教务处报名参加毕业考试。

（三）考试申请

学生必须申请参加学校教务处统一组织的毕业考试。考试不合格的，在校期间可申请参加补考 1 次；补考仍不合格者，离校后顶岗实习结束前可继续申请补考 1 次。

（四）考试组织

公共基础知识考试、专业综合基础知识考试和专业技能考试，由学校教务处统一组织。

（五）考试安排

表 4-12　毕业考试时间安排

日期	上下午	时间段	科目	备注
2018.3.22	上午	9：20—11：20	语文	
2018.3.22	下午	2：35—4：35	数学	
2018.3.23	上午	8：50—11：20	专业综合基础知识	
2018.3.23	下午	2：10—4：10	外语	

三、成绩评定与应用

（一）改卷与成绩评定

1. 改卷

由教务处指定教师实行流水作业改卷。

2. 成绩评定

语文、数学、英语、专业综合基础知识考试成绩均以等级呈现，按专业当期考生（扣除缺考或未得分的）总数的相应比例划分，位次由高到低分取 A、B、C、D、E 五个等级：

A 等级约占 10%，B 等级约占 35%，C 等级约占 30%，D、E 等级约占 25%，其中 E 等级不超过 5%。

获得一次优秀班集体的班级，E 等级减少一个百分点，获得两次优秀班集体的班级，E 等级减少两个百分点，以此类推。

公共基础知识、专业综合基础知识考试成绩均达 D 级以上的，为毕业考试成绩合格。考试成绩以等级和原始分记载，由教务处在学校教学评价平台公布，供学生查询。

（二）成绩应用

1. 作为我校学生毕业的必要条件

毕业考试成绩合格，是作为我校学生毕业的必备条件。

2. 作为我校学生参加顶岗实习的必要条件

从 2018 年起，我校学生申请顶岗实习，其公共基础知识、专业综合基础知识考试成绩合格作为顶岗实习申请时的必要条件。

3. 作为我校毕业班教学质量评价的重要参考

毕业考试是评价和改进学校教学工作的重要参考，是检验我校教学质量的重要方式，毕业考试评价结果将作为我校办学能力诊断与评估的重要考核指标。

四、考试组织与管理

（一）加强组织实施

我校毕业考试工作由教务处负责方案制定和负责具体实施。毕业考试各科目考试命题由教务处负责研制，教科室协助。各部门要加强组织协调，配合做好相关工作。

（二）强化规范管理

各学科、专业教研组要高度重视毕业考试工作，教务处要做好毕业考试信息管理工作，要规范考务管理，建立工作责任制和责任追究制，严肃考风考纪，要加强考试的效果度和可信度。

（三）重视考试分析

建立毕业考试成绩分析报告制度，教务处要组织做好毕业考试分析报告，各学科教研组、各专业教研组、教务处、教科室要充分发挥毕业考试对我校教学质量的监测和评价功能，推进我校教学诊断改进工作，不断提升教学质量。

五、有关事项说明

2016年春季及以后入学的学生，开始实施毕业考试制度。

各部门、各处室各教研组要积极配合，教务处负责实施毕业考试工作。

普高转入职高的学生，其公共基础知识部分有关课程，如已取得普通高中相应课程毕业考试合格成绩，可作为我校中职生毕业依据，不再参加中职相应学科毕业考试。学生如要参加单招考试，则需参与我校毕业考试。

从外省转入我校的学生，根据其原就读学校及其省级教育行政主管部门提供考试成绩证明，承认其相应科目的考试合格成绩，作为毕业依据。从我校转出的学生，其成绩证明由教务处出具。

本意见由教务处负责解释。

案例 12：

大英县中职校实施人才毕业标准考核案例

——以汽车运用与维修专业为例

中职人才毕业标准是职业教育教学相关标准重要一环，是培养高素质劳动者和技术技能人才的内在要求，也为优化专业人才培养方案、提升职业教育质量提供了重要指南和基本遵循。

一、实践背景

为贯彻落实全国、全省职业教育大会精神，服务成渝地区双层经济圈建设，服务四川省"5＋1"、遂宁市"5＋2＋1"和大英县"3＋1＋1"现代产业体系，以及《国家职业教育改革实施方案》做出"建成覆盖大部分行业领域、具有国际先进水平的中国职业教育标准体系""完善教育教学相关标准"重要部署，中职学校完善人才培养标准势在必行。近年来，大英县中职校聚焦国家级重点职校、国家示范学校和省级示范专业建设，立足大英，辐射全川，对照国家标准，结合区域经济发展需求、技术发展趋势，深化"三教"改革，将新技术、新工艺、新规范纳入课程标准，健全学校人才培养标准，充分发挥引领中等职业教育国家改革发展示范学校的示范引领作用。

当前中职毕业生存在问题较多。文化基础薄弱，学习动力不足，个别学生失去学习兴趣和信心；对专业技能不够重视，怕吃苦，缺乏主动解决问题能力；注重实习工资待遇、工作环境，不注重岗位能力锻炼。要解决这些问题，就得制定相应管理措施，制定合适的学生毕业合格标准。

二、实践目标

学校以"立德树人"为根本任务，以立身有信度、就业有优势、升学有基础、创业有能力为培养目标，制定人才培养标准，健全人才培养体系。制定人才思想品德评价标准，强化活动育人和常态考核，培养实现自身价值与服务祖国人民结合的情感目标；制定学业课程标准，完善人才培养方案，培养基本科学文化修养和创新精神；制定职业能力评价标准，鼓励学生"一专多能"，培养精益求精的工匠精神。

三、实践过程

从 2017 年至今，学校不断进行创新实践，探索出"一体驱动、三段进阶、三标检测"现代学徒制人才培养模式。下面以汽车运用与维修专业 18 级、19 级学生毕业标准考核为例，实施现代学徒制人才培养模式路径。汽修专业 18 级、19 级学生毕业资格认定标准，含思想品德评价、学业课程评价、职业能力评价三个大项，分为优秀、合格、不合格三类，全部合格才认定为毕业合格标准，半数以上优秀认定为优秀。

第一部分：思想品德评价。由德育办组织实施，对汽修专业 19 级新生入学建档立卡，掌握学生家庭住址、成员、联系方式、身体等基本信息，具体考核分为入学教育和思想品德表现。入学教育的军训由军事训练教官考核，到校第一周；入学教育的内务卫生、仪表形象、操课集会、纪律安全由德育办组织实施考核，每学期开学第一周，采用集中教育、集中整治方式，实现学生"认知—认同—内化"过程。思想品德表现班级部分由班主任评定，根据学生家庭、学校、社会、企业反馈表现（"家校社企"共管共育模式），形成每周的德育积分挂钩评定；学校部分由德育办根据值周巡查、集体活动、社会活动等方面反馈评定。附加部分包括志愿行动、社团组织、主题活动参与给予加分评定。汽修专业 19 级学生 20 年下期思想品德评价为：入学教育＝军训得分＋专项教育得分，思想品德表现＝班主任评定得分＋德育办评定得分，思想品德评价＝入学教育得分＋思想品德表现得分＋附加分，评定为不合格、合格、优秀三等次。实践证明，对于诸如打架斗殴、长期旷课等表现很差的学生，评定为不合格，有助于从严管理、严肃校纪；对于"家校社企"表现优异，积极参与各类活动的学生，评定为优秀，有利于营造良好校风。20 年上期汽修专业 19 级 3 名同学评定不合格，回家教育反省，20 名同学评定为优秀，受到各级表彰。

第二部分：学业课程评价。公共基础课、专业理论课由教师出题放入教务处题库中，教务处期末抽取考题，探索"专业技能、公共基础＋统考"考核模式，量化评估；专业技能课由专业教师出题，专业部组织考试，对专业技能课实行分组"流水线"考试，这样很好实现了教考分离，扭转了"教考包办"自娱自乐局面；参加市级以上技能大赛、科创大赛、文明风采竞赛获奖作为附加分或认定该项技能合格。成绩不合格（未达 60

分）向教务处申请补考。汽修专业 19 级学生 20 年下学期学业课程评价为：公共基础课中语文、数学、外语等统考科目 60 分合格，70 分以上优秀，音乐、美术、体育等非统考科目学科组考核，分为合格、不合格；专业理论课 60 分合格，70 分以上优秀，专业技能课学科组考核，分为合格、不合格、优秀；市级以上竞赛奖附加分或该项技能合格、优秀（获奖等次评定）。本期有 4 名同学不合格，16 名同学获得优秀（其中 4 名同学获市级一等奖该项技能为优秀）。

第三部分：职业能力评价。每年 10 月为技能竞赛月，教务处、技能鉴定站对汽修专业学生组织专项技能鉴定，颁发专业中级工证书；部分学生参与"1＋X"证书试点，认定该项能力合格；参加市级以上技能大赛获奖折算为该项能力合格。汽修专业 18 级学生 20 年职业能力评价为：75 名学生获得中级工证书，30 名同学获"1＋X"证书。职业能力证书取得，提升学生专业技能，适应行企岗位能力。

四、实践成效

构建教学标准系统设计，落实立德树人根本任务。10 门公共基础课程围绕学科核心素养这一主线，强化思政课程和课程思政；专业课程引入企业文化，深植劳模精神工匠精神。毕业评价考核标准建立，实现传授知识、培养能力和价值观的统一。

突出中职教育特色，深化职业教学改革。《国家职业教育改革实施方案》明确"发挥标准在职业教育质量提升中的基础性作用"，毕业评价标准围绕学科核心素养确定学科学业水平质量标准，体现了与产业需求、职业标准、生产过程的对接，成为中职学校开展各类考核工作的重要依据。

凸显中高职衔接贯通，促进学生可持续发展。毕业评价标准立足学生实际，对接初中教育和高职教育课程标准，着力培养学生解决实际问题能力，也为学生升入高职院校开辟通道。

五、体会与思考

各类课程质量考核有待细化。公共基础课中音乐、体育、美术等学科，学校每期对学生掌握技能进行抽测取样；公共基础课中语文、数学、外语等学科，学校每期实行集中统考，对班级的平均分、优生数进行考核。专业课则从职业资格证考取、技能大赛获奖、升学考试技能过关率等

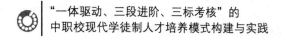

方面细化考核评价。让毕业评价标准更细更实，客观评价技能人才。

　　动态调整毕业评价标准。深入领会《教育部关于职业院校专业人才培养方案制定与实施工作的指导意见》，学习国家制定教学标准，紧密对接经济发展产业链、创新链，运用现代信息技术手段，与教科研机构、合作企业等联合开发课程资源，编写活页式教材、说明书式教材和课程标准，动态调整学生毕业评价标准。

第五章　成效影响：成渝双城经济圈中部职校现代学徒制人才培养的效果及辐射推广

通过"一体驱动、三段进阶、三标考核"的中职校现代学徒制人才培养模式构建与实践，四川省大英中等职业技术学校以及（合作企业）在成渝双城经济圈发展中均取得了长足的发展，企业与职业学校结合的现代学徒制人才培养模式存在很多优势。在这种模式下，学校对与企业、师傅合作，破解了以往校企合作中难以深入、缺少抓手、难以长久的困局，十多年来取得了骄人的成绩。

第一节　学生品质发展

一、立德树人根本任务得到体现

在进行现代学徒制探索的过程中，多年来，学校尤为重视的是学生的德育工作，立德树人的根本任务才是习近平新时代教育思想的本质核心。根据"培养自主能力，领航幸福人生"的育人理念，积极推行学生自主能力培养机制，推动学生自我成长。每年度常态化开展一系列的立德树人活动："国学经典诵读""12·9歌咏会""快闪""五四文艺会演"等一系列主题活动，活动更是呈现出"常态化""系列化""主题化""生活化"等特点。通过"五讲"教育和"三禁、两不、十不准"等常规教育方式，规范学生行为习惯；通过读书节、艺术节、科技节、体育节"四节"活动以及省、市技能大赛等活动载体，张扬学生个性，展示学生风采，培养学生特长；2016 年 5 月学校被四川省中职学校"文明风采"竞赛组委会在四川省第十二届全国中等职业学校"文明风采"竞赛活动中，作品获得"才艺展示类优秀奖"；2018 年 6 月学校被四川省中职学校"文明风采"竞赛组委会授予"四川省第十四届全国中职学校'文明风采'省级优秀组织奖"。学生的精神风貌和行为习惯，在风采大赛展示的过程中得到了提高，学生的品质更是得到了发展。学生行为规范教育、法纪、文明礼仪教育、课间秩序、校园环境整治等方面专项教育活动，培养学生养成良好行为习惯，规范学生行为，提升学生综合素质；抓好学生养成教育，提高学生文明素质，使学校学生教育工作进入常态化、规范化；并通过开展不同形式的活动，促进学生形成积极、健康的人生观、价值观和世界观。

二、学生技能大赛获奖

十多年来，伴随着学校的发展，学生的成长也是有目共睹的。学生在国、省和市级技能大赛中确定了优异的成绩，国赛获奖 1 金 2 银 5 铜，十多项成果获得省一等奖。学生们成为深受企业欢迎的技能型人才，如 2017 级物联网技术应用专业学生王丽红，在 2018 年四川省物联网大赛中荣获三等奖，2019 年参加四川省物联网大赛荣获二等奖，2019 年到创维液晶器件有限公司跟岗学习荣获"优秀员工"奖，2019 年荣获中等职教育国家级奖学金（6000 元）。2020 年在毕业后，被创维液晶器件有限公司破格提拔为生产部一线组长。其他技能大赛的学生也成为订单班的宠儿，最近三年来，在以"英创立""品信汽车"冠名的订单班中，有 100 多名学生获得了企业奖学金，实现了订单班的良好就业，学生技能成才道路畅通。

案例 1：

信息服务专业部王丽红成才案例

一、王丽红同学的基本情况

王丽红同学是大英县本地生源，女，其父母在家务农。该生在 2017 年 12 月进入本校物联网技术应用专业学习，性格外向，具有一定的自我判断能力，动手能力较强，但是团队合作精神较差。根据学校人才培养方案。

该学生和其他同学一样在一年级到二年级期间是在校学习文化课和专业基础课知识，如数学、英语、政治、体育、电子技术基础、电工技术基础和物联网技术基础等，每学期会有两到四周不等的校内实训课程，例如到企业跟岗实习。在这一阶段的学习中，她的学习成绩排名一直处于班级中等偏上水平。

二、现代学徒制背景下王丽红学生成长过程

（一）思想观念的转变

王丽红知道自己所在班级被选为学校现代学徒制试点班级后，她觉得只是自己所在的班级多了一个名字而已，与其他平行班级没有区别，她还认为如果到与学校合作培养试点班级的企业里学习的话，也只是参观而已。从第三学年上半学期开始，学校根据教学计划安排，在与企业前期充分沟通和交流后，组织试点班级到企业进行为期两个月的跟岗学习。在这两个月的以企业生产车间为教室的学习过程中，她的思想发生了变化，现以安全生产为例进行说明。在初期，该企业人力资源部门负责安全教育的人事专员对学生进行了安全教育，另邀请生产部门经理对在生产线中容易发生安全事故的情况进行了介绍。王丽红同学觉得企业的安全生产内容和学校强调的安全教育内容一样，因此一开始对安全生产还没有足够的重视。在实习过程中，她慢慢地体会到了安全生产的重要性。在她的实习日志里有这样的描述："今天安全部门过来检查，查到一个师傅在焊接操作时把烙铁放在操作台上，罚款20元（虽然不多但是通报批评了），科长因此向我们强调了工作时的安全防护。因为工作时如果不注意用电安全，就容易引起安全事故，如火灾，人员也易受伤。看到这些，我顿时觉得亲身经历比老师强调百遍都有效。我真正认识到了安全问题的重要性。"在生产实践方面，学生对这种实习形式的观念也在改变，从开始的被动接受变为到后面的主动学习。在王丽红同学的日志中这样记载："刚开始以为来这里学习只是走走过场，但是来到这里后我有了自己的师傅，师傅对我很好，教了我好多东西，在这里跟着师傅学习后才觉得自己在学校学到的知识不够用。理论与实践差距是很大的，需要不断地补充知识和实践在学校没有做过的东西。我觉得这种机会很难得，一定要好好学，提高自己的技能水平。"思想观念是一个人对一件事情形成看法并转化为执行力的重要因素,当一个人对一件事情从不重视到重视,便是思想升华的一个过程。与此同时,对事情的认识发生改变,自我执行力也能够真正落实。当她认可将课堂搬到企业这种形式时,就会在这个过程中不断追求自我发展。

(二)学习能力的提高

王丽红同学在班级的学习成绩中等偏上,学习态度积极,遇到问题具有钻研精神,取得了四川省物联网大赛二等奖。她到企业后一开始不能够适应,但是经过一段时间的适应期后,在学习能力方面取得了很大的进步。在她的实习日记中这样描述:"在学校学习时,我一直认为自己的学习成绩不差,动手能力也还可以,但是到企业才发现这些并不代表在工作中就能够表现出色,在实际岗位上有好多东西都要去认识和学习。例如前天我学了智能楼宇调试的操作,虽然参加技能比赛时调试过许多智能楼宇程序,但是在实际操作时区别很大,今天跟着师傅调试了近百种之多,这在学校根本不可能经历。正在担心时,旁边指导的师傅说没事,这次知道了问题后,下次注意就好。当时感觉到自己要学习的东西实在是太多了,我下定决心跟着师傅好好学习。"王丽红同学利用平时休息时间不断学习,在试点班企业学习结束后,得到了企业和师傅的好评:"该同学在实习过程中善于发问、善于思考、善于学习,通过自身努力不断储备知识。进步大,能够融入班组当中去。在实习期间的考核中,各项成绩优异。"在这个过程中,王丽红同学不仅认识到了自己的欠缺,同时能够发现学习中存在的问题,意识到要提高学习能力,这就是她最大的收获。

(三)沟通能力的进步

王丽红同学在学校接触的是同学和老师,在家接触的只有父母,沟通能力较差,通过在企业的学习,她对人际交往方式和沟通能力有了自己的认识。她在实习日记中写道:"企业的安全培训结束了。今天下午我见到了师傅,他是一个中年男子,感觉和我父亲差不多,人很严肃、冷淡。我担心存在代沟,也担心以后跟着他学东西很困难。不过当我喊了一声师父后,他对我笑了笑,回应了我,我顿时感觉到亲切。""我所在的班组人员较多,有正式员工、有非正式员工,还有就是我——实习生。感觉每个人都在忙着干自己的事情,不过有和我年纪相仿的年轻人。如果我和他们成为朋友,这样就不孤单了。我是新来的,就主动和大家打招呼,他们都很客气，在我遇到问题请教的时候，他们都很乐意告诉我，我感觉很快乐。"对于学生的成长，除了培养品德、技能等素质外，沟通能力也应通过实践培养。

（四）综合能力发展带来的收获

王丽红同学经历过企业的学习后，成长是明显的，首先表现在与同学的团队互助上。回校后，她主动帮助学习能力较差的同学，给他们讲解知识点，对同学在操作中的问题也耐心地回答示范。其次表现在学习能力上。去企业之前，王丽红同学在班级的学习成绩一直中等偏上，但是经历过企业学习之后，她觉得学习很重要，除了学习学校必修课程之外，还主动到图书馆自主学习在企业涉及的相关知识，例如PLC生产线控制、物联网编程技术等。在第四学年的期末考试中，她名列全班前三名。最重要的是她对自己将来所从事的职业有了清晰的规划，确定在毕业后到目前实习的企业去工作，并且要应聘适合自己发展的岗位。

（五）在学习中收获成功

王丽红同学在现代学徒制教学模式下逐渐成长，在学校学习了扎实的专业理论知识和文化知识，提升了个人素养，在企业跟岗学习中锻炼了适应社会的能力和与企业行业接轨的最新专业技术。

图 5-1 王丽红学生活动企业实践"优秀员工"

因王丽红在校及在创维跟岗学习期间表现突出，2020年12月创维液晶器件有限公司破格提拔她为生产部一线组长。

三、学生创新能力得到提高，赛事和专利成果双开花

学校历来重视把学生的特长和专业技术相结合，充分利用学校计算机专业、机械专业和电子专业的电脑、数控、焊工、车工、钳工、电子装配、制冷设备等实作实训场所及设施设备，利用专业化社团与学生课后服务相互结合的方式，通过专业知识辅导学生参加国、省、市级青少年科技创新大赛。十多年来，学校学生参加青少年科技创新大赛累计获国家级奖项 105 项、省级奖项 532 项、市级奖项 1120 项。科技创新大赛获奖并同时获得中高职衔接班的特长生招生资格的学生有 35 人，其中最具有代表性的有：汽车科技社团成果"汽车落水逃生系统"获得第 29 届全国青少年科技创新大赛成果一等奖；由学生唐明国研发的"汽车落水车窗自动开启系统"被视为最具市场开发价值项目；电子科技社团成果"残氟回收器""风扇控制器""新型插头"获四川省第 30 届青少年科技创新大赛省级一等奖。

学生通过专业知识学习和参加科技创新类大赛提高了个人创新能力的同时，也积极申报国家专利，有效地保护了知识产权。在学校教师的指导下，近年来学校学生累计获得授权专利 13 项，具有代表性的如授权发明专利（201810973045.5）一种悬浮无阻力门窗。学校利用"遂宁市教育系统高层次人才引进计划"引进中科院大学硕士研究生一人，专门成立了青少年科学院，助推学生的专业和科技创新能力提高。

案例 2：

灼灼青春耀大英

——访大英县学术和技术带头选陈克乐

"我没有什么过人的长处和优点，甚至有点臭脾气和书生气，最大的优点就是扎根基层，脚踏实地，一步一个脚印地干。所取得的点点业绩，离不开县委县政府的关心和支持，更加离不开大英的这片热土！在我最美好的年华，来到了让我可以更加美好的地方！"采访开始的第一句话，陈克乐老师如是说道。

　　从大都市到大英，从国科大到大英县中等职业技术学校，从繁华之地到耕耘之所，他放弃家乡、放弃更好的物质待遇、放弃繁华，只为心中的青春梦想，只愿青春的梦想能发光。从此，57 万勤劳的大英人中多了一名硕士研究生，美丽的校园里多了一名辛勤耕耘的园丁，美丽的大英多了一名科技创新领头人……

　　陈克乐，中国科学院大学硕士研究生学历，控制工程专业。2014 年 8 月作为"遂宁市大英县教育系统公开考核高层次人才"引进到大英，历任四川省大英县中等职业技术学校教科室主任、党政办副主任、对外安置办主任。短短的四年时间，他成长为遂宁市第四批学术和技术带头人后备人选、大英县第二批学术和技术带头人。2017 年 12 月破格评聘高级教师（专业技术六级）；首批"遂州英才千人计划教育名师"，遂宁市青年科技人才托举工程，四川省科技厅备案双创导师，四川省优秀青年马克思主义者培养工程首批专业人才培养；中科协科技辅导员协会"高级科技辅导员"认证。

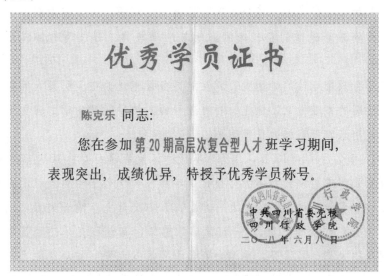

图 5-2　陈克乐老师参加第 20 期高层次复合型人才班

　　诸多的荣誉来源于他扎根基层、逐梦青春的梦想。从全国青少年科技创新大赛科技辅导员科技创新项目二等奖到"遂宁市首届创新争先"优秀科技工作者，从北京理工大学徐特立科学营优秀带队教师发言到《遂宁讲坛》创新创业交流讲座专访，从国家级刊物发表论文到多项专利申请，从一名普通的教师成长为大英县建县二十周年"十大时代标兵"……

一路行来，陈克乐载誉而进、负重前行，用辛勤的汗水浇开青春梦想的炫丽之花，用丰硕的果实谱写成长的务实篇章。

让青春的梦想在基层闪闪发光

或许，在很多人的眼中，大英是一个偏远的地方，陈克乐却看到了她的光芒。

2014 年 7 月硕士毕业，凭着学生期间突出的学业，多家单位向他伸来了橄榄枝，但这些都抵不上"2014 年遂宁市大英县教育系统公开考核招聘高层次人才"的通知，要求硕士研究生及以上学历，专业要求为电机控制及其相近方向，而他硕士阶段研究的方向就是电机驱动控制技术，对口的专业、适合的土壤、逐梦的地方，成为他的方向。于是在家人的反对声中，好友的劝阻声里，同学的质疑声下，他作为一名高层次人才被引进到了四川省大英县中等职业技术学校。

有梦的青春最美丽、逐梦的青春最精彩。从此，大英县中职校里多了一个说着安徽普通话的年轻教师，他与学生与伴、与书籍为伴、与梦想为伴。

除了带领中职校的学生成长，他把更多眼光还放在了引领大英县青少年科技创新的事业上来，他充分利用暑假的高校科学营活动，让更多的优秀学生走出来，把科技力量带回来。

2015 年 7 月 12—18 日，作为带队教师，他带领大英县 10 名优秀高中生，赴武汉华中科技大学参加全国青少年高校科学营华中科大营，在返程火车上，一名学生说："陈老师，这是我第一次坐火车离开父母，也是我第一次体验到科技的力量。"一句简单的感悟，却让陈克乐热泪盈眶，他说，梦想的火花已经点亮，重现大英县中国第五大发明的卓筒井光芒还会远吗？诚如所言，在他的带领下，大英的青少年科技创新已如燎原之火。

2016 年 7 月 16—22 日，陈克乐再次带领大英县的十名高中生参加了北京理工大学徐特立科学营，在开营仪式上，陈克乐为西部发出科技需求最强音：请在场的中国科协、教育部和北京理工大学的领导们多关注西部地区教育，多关怀西部偏远地区的学生们，努力为他们提供公平的受教育机会，提供更多的科普资源，提供更多的科学体验机会。

从教近四年，相比他的研究生同学们，他没有高起点，没有高薪水，没有好环境，但他说："教育是我选择的一份事业，教书育人更是我的理想。"

让青春的梦想点燃创新创业的火花

除了教师，他更是一名优秀的年前科技工作者——中国青少年科技辅导员协会会员、遂宁市科学技术协会七届委员、大英县科学技术协会委员。因此，他能更好地将日常教学教育与青少年科技创新活动相结合，擅长于辅导学生参加各类科技创新比赛和技能大赛活动，在全国青少年科普和科技创新方面有着良好的影响。

"到西部去、到基层去、到祖国最需要的地方去！"祖国向青年大学生发出的号召，陈克乐不仅记在笔记本上，更深深地刻在脑海里。他说，生命只有这次，我将用我的青春年华化作不忘初心、牢记使命的前行动力。总书记在党的十九大报告中指出："培养造就一大批具有国际水平的战略科技人才、科技领军人才、青年科技人才和高水平创新团队。"这体现了党对科技的高度重视，更加为他从事培养科技人才增添了信心。于是，他把更多的心血付诸了更多广阔的空间，也收获了更多的动力。

多次在遂宁市讲授青少年科技创新活动，得到了媒体的广泛宣传和报道。在学校工作三年来指导学生获得国、省、市奖项达 10 人次，个人获得第 31 届全国青少年科技创新大赛科技辅导员科技创新项目二等奖。个人发明专利 4 项，其中有 2 项已经转化为成果。

2017 年 2 月，被大英县人民政府授予"2016 年创新创业工作特别奖"；2017 年 5 月 22 日，被遂宁市科学技术协会、遂宁市科学技术和知识产权局授予首届"遂宁市创新争先优秀科技工作者"称号；2017 年 12 月 28 日，被大英县委、大英县人民政府授予建县 20 周年"十大时代标兵"荣誉称号；2017 年 3 月任大英县创新创业智造产业孵化中心项目推进领导小组办公室主任；2017 年 6 月，兼任大英县创新创业管理服务中心常务副主任，积极推动项目的进展，推动中科院成都分院专家院士为大英县企业巡诊把脉，切实解决企业发展中面临的技术难题，同时入选四川省大学生创新中心兼职导师、并作为泸州市创业咨询评审专家，多次在乐山、德阳、泸州等地开展创客公开课讲座。

让青春的梦想在基层结出丰硕的果实

大英这片土地很质朴，总为记住在上面辛勤耕耘并且默默付出的人。2017年12月陈克乐被破格评聘高级教师，这是他2015年破格一级教师以后，再次破格高级教师，目前是遂宁市最年轻的高级教师。

他一直致力于教育科研工作，这也是其中国科学院研究生背景决定的。发表学术论文6篇，其中SPIE检索2篇，EI检索1篇，中文核心期刊3篇。通过自己主持和参与课题，带动了其他年轻教师积极参与到教育科研中，形成了良好的教科研氛围。所参与的课题更是抓住了职业教育的难点和重点，针对不同学生开展"分层教学"能有效地破解职业教育发展的瓶颈，《基于"分层教学"的中职校教学模式创新研究与实践》获得四川省职业教学与成人教育学会2015—2016年度科研课题结题二等奖，课题组成员排名第二位，同时该成果2017年10月31日，获得遂宁市第二届普教教学成果将二等奖（遂教发〔2017〕13号）；论文《基于"幸福文化"的中职科技教育示范学校建设路径探究》2017年7月获得四川省"第二十五届青少年科技辅导员论文征集评选活动"一等奖。

图5-3 陈克乐老师入选"遂州英才千人计划"教育名师

他的事迹被媒体广泛关注和多次报道。《当代职校生》杂志为其业绩做专题采访，遂宁广播电视台、遂宁日报大英周刊、西部大英网等多家媒体对其进行了报道，产生了良好的社会影响。

"痴心一片终不悔，呕心沥血育英才"，选择了基层就选择了拼搏，选择了教育就是选择了奉献，选择了科研就选择了呕心沥血！陈克乐以其高尚的师德、敬业的精神、无私的奉献、一流的业绩，在大英这片热土勤奋耕耘，积极探索，为大英教育的振兴发展奉献其无悔的青春，谱写出一曲壮丽的青春之歌。

四、学生对口高职升学情况

学校努力为学生谋划光明前途，把中高职衔接纳入现代学徒制人才培养体系，构建"升学、就业"并举的分层培养机制，满足了不同层次学生的发展愿望。积极开展与四川职业技术学院、成都航空职业技术学院、四川九州技师学院、成都工业职院等高职院校的长期合作，让学生走好迈向社会的第一步，让有升大学愿望且文化基础不好的学生顺利升入大学。学校与四川职业技术学院合作开通的中高职衔接教育成果显著，自从 2012 年开始组建的中高职衔接数控班，2015 年 4 首批中高职衔接学生顺利通过招生考试，该班 23 名学生有 22 人顺利升入四川职业技术学院，升学率居当年度全省前茅。其中陈宇扬同学还创造了 2015 年度全省第一名的辉煌成绩。学校的机械、电子信息等专业也相继成立了中高职衔接班。中高职衔接教育已经被广大家长、学生认可。截至目前，中高职衔接教育已经实行 6 个年头，学校每年通过中高职衔接升学的学生达到当年毕业生的 65％规模，进一步提高和拓宽了学生的多元化成才。

案例 3：

院校合作　共谋发展

2019 年 1 月 22 日，九洲技师学院与四川省大英县中等职业技术学校战略合作签约仪式在九洲技师学院会议室举行，标志着我院在校校合作的道路上拓展出了更广阔的蓝图。

九洲集团党委副书记、副董事长（集团正职级）王国春出席仪式并祝愿合作圆满成功。大英县中等职业技术学校党总支书记、校长徐景慧，九洲教育公司董事长、党支部书记、九洲技师学院院长庞志刚出席仪式并签订战略合作协议。

图 5-4　九洲技师学院与四川省大英县中等职业技术学校战略合作签约仪式

　　大英县中等职业技术学校党总支书记、校长徐景慧在会上介绍了大英县中等职业技术学校基本情况。他讲道，九洲技师学院在产教融合、校企合作方面有着得天独厚的优势，学院领导及教师专业过硬、态度真诚。在王书记的指导下，在与九洲技师学院多元化的合作中，在"共招、共引、共培、共享"的模式下，大英中等职业技术学校必将实现品牌、师资、教学质量等多方面、全方位的提升。

图 5-5　九洲技师学院与四川省大英县中等职业技术学校战略合作签约仪式

　　按照协议精神，双方将共同在大英县中等职业技术学校组建四川九洲技师学院定向培养专班，分别为 3 年＋2 年制培养高级工定向班和 3 年＋3 年制培养预备技师定向班，并开展专业教师培训和师资专项培训，着力提升大英高技能人才培养培训的数量和质量，构建产教融合新平台。

五、典型学生就业案例和企业案例，知名企业，五百强企业就业安置情况

十多年来，学校通过现代学徒制人才培养模式的探索，全面贯彻党的教育方针，以立德树人为根本，以服务区域经济社会发展为宗旨，以促进就业为导向，创新人才培养模式，注重学生职业发展能力培养，以增强学生就业创业能力为核心，全面提高人才培养质量。学生的就业安置工作成绩突出，学生安置后在企业工作三年以上的稳定率持续增加。学生的毕业生，得到了知名企业的认可和青睐。

十多年来，学校毕业就业学生，75％均是送往成渝之间500强企业。

案例4：

优秀毕业生案例

1. 2010春汽修1班毕业生杨×。男，家住大英县蓬莱镇。2013年毕业后先后到汽车制造厂、汽车4S店工作。2015年回大英县自主创业开设汽车维修厂，维修厂现在面积400多平方，设有机修、钣金、喷漆等工种，聘用工人10人（其中包括学徒4人），年收入40万元左右。

2. 2012春机械专业3班学生李××。男，19岁，家住中江县永丰乡。现就业于昆山"三一"重工，实习岗位为普通焊工，转正后调配到物流部。该生到企业后主动向老员工学生相关技术技能吃苦耐劳，每天第一个到岗最后一个离岗，被企业领导确定为后备干部。现每月工资均在6000元以上。

3. 2013春旅游专业学生卢××。女，19岁，家住大英县河边镇。现就业于北京眉州酒店，实习岗位为普通员工，转正后成为领班。该生充分把学校所学运用到自己的工作中，同时不断向老员工请教，从而使自己很快成为企业骨干。现企业正组织该生到企业指定的培训机构学生企业管理相关知识，确定该生为企业后备干部。现每月综合工资均在7000元左右。

4. 2012春电子专业学生李××。女，19岁，家住大英县隆盛镇。现就业于遂宁市普瑞森电子有限公司。该生实习时在遂宁市英创力电子有限责任公司，实习岗位为一线操作工人。到企业后该生一直坚持学习，不断进取。在工作满三个月后被总经理艾克华选为总经理助理，在这期间该生

认真听取领导意见不断改进自己的工作方法，加强企业管理等方面的学校，很快就成为企业的后备干部，随后由公司选派到广东惠州学生提升，返厂后成为企业人事副主管。由于工作原因该生现就业于另外企业从事人事主管职务，每月综合工作在 5000 元以上。

5. 2012 春电子专业学生廖××。女，18 岁，家住大英县蓬莱镇。现就业于遂宁市英创力电子有限责任公司。该生有计算机方面特长，所以在实习时就被企业安排在品检岗位上，通过自身努力后成为企业企划部副主管。现每月综合工作均在 5000 元以上。

6. 2011 春旅游专业毕业生邱×。女，家住大英县蓬莱镇，于 2013 年毕业，毕业后留校任教，现为知名互联网支付营销平台联合创始人，并自主创立行业相关商学院，所涉业务覆盖港澳及内地多个省市。年收入 40 万以上。

7. 2013 春旅游班杨×。女，家住蓬莱中学，毕业后在北京眉州酒店实习，随后做销售，现目前经营一家电子商务互联网创业公司，同时任大英县电影电视爱好者协会理事一职。年薪 10 万左右。

第二节　教师专业成长

十多年来，学校教师整体职业素养在现代学徒制探索和试点的过程中得到了很大的提高和发展。学校与 2015 年出台了《教师培养方案》，实施了任务引领下的学校、企业、高校"三元"合作，创新了"教学改革"的校本培训、"技能提高"的企业培训、"理念提升"的专家培训、"潜力激发"的科研培训"四轮驱动"的教师专业化成长路径。

一、公开发表论文和出版刊物

学校的教育科研氛围浓厚，教师整体理论水平较高，通过教育教学的改革，推动了学校教师对职业教育理论的领悟。最近 7 年来，学校教师累计公开发表学术论文 19 篇（知网检索，见下表 5-1 统计），累计省级以上获奖论文 109 篇（省教科院、省职成教学会组织）。具有代表性的徐景慧、陈克乐、彭宇福等公开发表的理论性论文，有效地促进了学校的专业内涵发展，同时也对现代学徒制人才培养模的理论进行了深入的探索，弥补了县域经济背景下开展现代学徒制人才培养模式的理论。其中由陈克乐老师撰写的作为现代学徒制人才培养模式探索理论研究成果的论文《中等职业教育与区域经济社会协同发展及其策略研究——以遂宁地区为例》。更是获得了遂宁市第十五次社会科学优秀成果三等奖（如图 5-6 所示）。

图 5-6　陈克乐老师论文成果获市级社会科学优秀成果三等奖

学校还与四川职业技术学院合作完成了数控技术中高职一体化建设项目中职段的人才培养方案。在此基础上学校坚持以职业能力为本位，创新了"公共基础课＋专业课＋素质拓展课"的课程体系。课程内容紧贴产业发展，融入企业文化元素，注重学生综合素质和就业能力培养。校企合作开发课程标准 21 套，精品课程 11 门，主编出版校本教材 23 本。

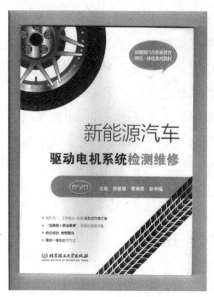

图 5-7　校企合作出版教材

表 5-1　知网检索以学校为单位公开发表论文

序号	标题	期刊名	发表年份	作者列表
1	中职校新班主任工作初探	现代职业教育	2015	陈克乐
2	永磁同步电机电流环带宽扩展研究	微电机	2015	施崇阳　陈克乐　陈兴龙
3	基于现代学徒制的中职生"五级晋级"人才培养模式研究与实践	教育科学论坛	2017	陈克乐
4	中等职业教育与区域经济社会协同发展及其策略研究——以遂宁地区为例	教育科学论坛	2017	陈克乐
5	以市场需求为导向建设专业动态调整机制	教育科学论坛	2019	彭宇福　陈克乐
6	创新"13223"订单式人才培养模式的内涵与策略研究	教育科学论坛	2020	徐景慧　彭宇福　陈克乐
7	Permanent Magnet Synchronous Motor Servo System Control Based on μC/OS	SPIE Proceedings AOPC 2015: Optical Test，Mea	2015	陈克乐

续表5-1

序号	标题	期刊名	发表年份	作者列表
8	Fault Tolerance Control of Phase Current in Permanent Magnet Synchronous Motor Control System	7th International Symposium on Advanced Optic	2014	陈克乐
9	藏区"9+3"学生德育管理策略研究	当代职业教育	2012	李小强 周 洪 黄明林
10	国家优质特色职校内涵体系构建	当代职业教育	2014	黄明林
11	基于小组合作的阅读教学实施流程初探	教育科学论坛	2020	徐景慧
12	激发学生语文学习动力的三要素	教育艺术	2020	徐景慧
13	解读8X幸福密码	当代职业教育	2015	黄明林 王元华 唐光国
14	浅谈农村中职学校德育工作的整体设计与实施	教育科学论坛	2018	胥泽民 廖 菊 兰 娅
15	幸福学校特色文化建设初探	当代职业教育	2013	黄明林 周 洪 唐光国
16	以专业教学标准为基点，构建"二核二向三岗"专业课程体系	教育科学论坛	2019	徐景慧 彭宇福
17	诊改背景下的中职学校幸福课程体系建设实践	教育科学论坛	2018	徐景慧 黄明林 张 成
18	中职旅游专业课程改革初探	当代职业教育	2012	陈志艳
19	中职学校德育大纲落实工作调研	当代职业教育	2016	黄明林 徐 华

二、公共文化课教师能力提升获认可

全校教师在学校的发展中，在学生的成长中，实现了自我价值和自我成长。2007年12月，学校教师但勇获得四川省体育局和四川省教育厅授予的"四川省2006至2007学年度推行《国家体育锻炼标准施行办法》先进工作者"；2014年11月，学校教师张清在第四届外研社全国英语教师职业化转型教学技能大赛总决赛中获得微课一等奖；教师余清在2015年11月获得全国第五届"外研社杯"教师教学技能大赛二等奖；2020年度10月，学校20位教师在"2020年四川省职业院校教师教学能力大赛（中职组）"获奖，获奖人数位居全市第一。学校逐渐形成了一支结构合理、素质过硬的公共文化课教师队伍。师资队伍建设成效明显，涌现出了一批名师。蒋登兵撰写的论文《数学的应用》在《高考》杂志2019年10月号发表，并在全国教育论文成果大赛评比中获一等奖；省市教学能力大赛中郭小艳、张艳梅、戴鸿霖、李燕江获省三等奖，钱虹宇、李佳蔚、郭岱鑫、石浩东、杨铁龙获市一等奖。

案例5：

余清同志成长案例

践行"双融合"文化教学模式 培养匠心人才

余清同志，女，现年46岁，汉族，中共党员，大学本科毕业，汉语言文学专业，语文高级教师，1994年7月参加工作，2003年9月至今在大英县中等职业技术学校工作，从事语文教学、班主任工作，担任语文教研组组长（兼任加工制造专业部教学组长）。

余清同志思想政治觉悟高，工作业绩突出。从教26年，积极探索实践"双融合"教学：语文教学与专业人才培养目标融合、教学与教研教改相融合，运用现代职业教育的教育教学理念，培养了一大批具有中华优秀传统文化与工匠精神的合格毕业生，在教学、科研、班级管理及服务工作中成绩显著。

循序渐进，以生为本，打造幸福课堂

在教育教学工作中，余清同志坚持语文教育与人才培养目标相结合，充分发挥语文课程独特的育人功能，落实立德树人根本任务。根据语文教育的规律及培养技术技能人才的要求，认真钻研课标、教材，研究教法、学法；按照课程内容，把握教学关键，整体把握语文学科核心素养，合理设计教学活动，创设教学情境，传授必需的基础知识和进行必要的技能训练；以学生发展为本，根据学生认知特点和能力水平组织教学，开展以学生自主体验、合作学习、主动探究为主要方式的言语实践活动，引导学生通过听说读写活动，提高语言文字运用能力和思维能力；坚守课堂主阵地，认真设计每一堂课、每一个教学环节，关注每一个学生，寓教于乐，让学生把苦学变成乐学，极大地活跃了课堂氛围，激发学生学习兴趣和热情，使学生成为课堂的真正主人，积极构建高效幸福课堂，努力践行学校动态课堂教学模式改革，使教学工作有计划有组织有效果的进行。

积极参赛，以赛促教，提升教学能力

在教研工作中，余清同志善于学习，并能学以致用，善于总结，并能及时提升。她尽职尽责地履行了专业部和语文教研组的教科研工作，总是以最积极的姿态组织并参加了省市县校的教研、能力大赛等活动。2011年11月在大英县教育局组织的赛课活动中荣获一等奖；2012年12月在遂宁市语文说课比赛中《我们热爱大自然》荣获二等奖；2013年04月在大英县教育局组织的"提醒幸福"赛课活动中荣获一等奖；2015年11月参加第五届"外研社杯"全国中等职业学校语文教师教学技能大赛荣获二等奖。2018年9月参加遂宁市中等职业教育建设学习贯彻党的十九大精神"示范课堂"比赛，教学主题《诵读经典 树立文化自信》荣获二等奖，2020年7月参加市级、省级教学能力大赛《听合欢花开　悟人生境界》荣获市级二等奖，省级三等奖；积极主动参与校本教研，担任语文读本《花开的幸福》一书的主编，该书于2014年03月在中国地质大学出版社公开发行，于2014年09月全面发放到我校师生手中，反响良好，并在大英县首届教育教学成果评奖中荣获一等奖；同时承担了我校语文学科《语文》（应用模块）校本课程的开发与实施。积极撰写教学教研论文，并有四篇教学论文在教育专刊发表，多篇论文获奖。

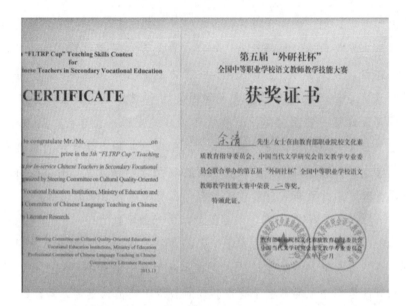

图 5-8　余清老师获得全国中等职业学校语文教师技能大赛二等奖

宽严并济，以爱为帆，毕业学子多栋梁

从事职业教育工作 17 年来，余清同志先后担任学校电子专业 2007 级 3 班、2009 级 1 班、机械加工技术专业 2015 级中高职衔接班的班主任。在班级管理过程中，她坚守"一个班就是一个家"的治班理念，践行"我要对所有的孩子负责"的箴言，着力塑造"全新的班集体"。她深谙"严格的纪律，是让学生更好地实现自律"之道，将培养"自主自律的班集体"作为工作的重点，探索出"定量管理"的新方法，建立学生成长档案。她特别关爱贫困家庭的孩子，以慈母之心善待他们、帮助他们。张敏父母残疾、刘兵自身残疾，两位同学家庭都相当困难。每月，她都要从微薄的收入中挤出 100 元给两位孩子补贴生活，同时为他们寻找社会爱心人士捐款助学。她所带班级班风正，学风浓，班级极具凝聚力，教育教学效果优异，经常被评为"优秀班集体"。在 2016 年 5 月的"经典诵读"活动中，她所带班级荣获团体第一名，当宣布名次时，全班同学群情激昂，热泪盈眶。在 2017 年 3 月份的全省单招考试中，她所带班级全部考入四川省职业技术学院的数控专业，升学率和巩固率都达百分之百。现在毕业学生很多已经成为各行各业的佼佼者，在乘风破浪之际总会怀揣着浓浓的谢意给余老师一个温馨的问候，一次诚挚的祝福。

图 5-9　余清老师的中高职衔接班学生高职三年后毕业

尽己所能，指导青年教师，参与专业建设

余清同志作为专业部教研组长及语文教研组长，经常组织并指导专业部、教研组的教研、赛课活动。2020 年 9 月，组织遂宁市中职语文教学研讨会，并对《2020 中职语文课程标准》进行了精准解读。指导组内语文教师谢小琼、彭艳华、李秋鸿等参加市级语文赛课，多次获奖；指导专业课教师郭戴鑫、石昊东等荣获市级一等奖；指导培养培养青年教师李莉君，参加省、市级能力大赛荣获市级二等奖、省级三等奖，参加遂宁市中职语文教研会，承担观摩课一堂，获得与会同仁好评。2019 年 4 月参与汽车运用与维修专业省级示范建设工作，主要负责"双师型"教学团队的建设及整个专业建设的资料收集、归档等，工作任务重，难度大，她从不抱怨，工作一丝不苟，有序推进，多次受到领导、专家好评。

天道酬勤，耕耘中洒下汗水，收获中饱含付出，她的工作得到了各级领导及主管部门的充分肯定：2013 年被大英县教育局评为"优秀教师"；2014 年、2020 年被大英县教育局评为"三八红旗手"，2015 年被局党委评为"优秀共产党员"；2015 年、2016 年被学校评为"优秀班主任"，2019 年被大英县教育和体育局评为 9＋3 工作"先进个人"。2019 年、2020 年被大英县教育和体育局评为招生工作"先进个人"。

三、"双师型"教师和"复合型"教师转变

在学校的主导下，按照"一专一企"校企合作思路，学校积极探索校企合作与产教融合，不断搭建学生成才就业立交桥。汽修、机械专业引入南方宝和入校办厂，共建"校中厂"产教融合的生产性实训基地。与四川盛马化工合作，开设石油炼制专业，组建订单培养班，培养石油炼制的技能型人才；与四川环球丝旅奇幻城合作，探索现代学徒制的人才培养模式，培养旅游服务技能型人才；与遂宁品信汽贸合作，校企双方人员互聘共用，订单培养汽修技能人才。通过校企合作建立并完善了校内外实训基地，"双师型"教师的操作能力明显增强，办学条件更加完善。通过开展校企合作，深化产教融合，扩大对外交流，提升办学效益，取得显著成效。专任教师人均企业实习实践12人次，专任教师人均企业实习实践天数14天，企业兼职教师专业课课时占比4％，企业接收顶岗实习学生比例达到87％。学校通过产教融合校企合作协同育人，加快人才培养模式改革，推进产教融合机制创新，为地方经济社会持续健康发展做出不懈努力。全校现有教职员工164人，在编教职工161人，行业企业兼职教师3名。专任教师95人，其中公共基础课专任教师45人，专业课专任教师50人；专业课教师中双师型教师24人，占专业课专任教师比例达到48％。学校在专业动态调整和专业内涵发展中涌现出一大批优秀教师，具有代表性的如：遂宁市教学诊断与改进指导专家、遂宁市中等职业教育专业建设指导专家彭宇福；遂宁市优秀双师型教师彭鹏。

案例6：

彭宇福同志成长案例

热爱　培训　科研　反思

彭宇福，男，四川遂宁市人，重庆大学电气工程及其自动化专业本科学历，高级教师。曾担任全国职业教育数字化教学资源课题电工基础组组长、2019年四川省教师教学能力大赛现场评审专家。现聘为遂宁市教学诊

断与改进指导专家、遂宁市中等职业教育专业建设指导专家、遂宁市职教学会副秘书长、四川省大英县中等职业技术学校教导处主任。主要从事《电视机原理与维修》《电子技术基础与技能》《电工技术基础与技能》和《电机运行与控制》等课程的教学工作，先后担任大英县中等职业技术学校电子电器应用与维修专业的专业带头人、教导处副主任、招生与安置办公室主任、教务处主任和教科室主任。参与了学校"探索现代学徒制试点"和"中职校现代学徒制人才培养创新研究与实践"科研工作，从事中等职业学校人才培养模式与教学评价模式的研究工作，公开发表专业建设和教学科研论文8篇，主编《彩色电视机组装与维修》《电工技术基础与技能》等3部全国中等职业学校规划教材。

热爱——专业成长的动力

1987年12月，彭宇福凭着对职业教育事业的热爱，带着"当一个好老师"的理想到蓬溪县河边职业中学任教。学校当时主要以农学大类专业，彭宇福担任《农产品的储藏与加工》的专业课程教学工作；1991年学校根据市场的需求开设了"工业与民用建筑"专业，彭宇福拜当时蓬溪县有名的建筑施工员戴文礼为师，学习建筑施工技术，同时担任工业与民用建筑专业的《地基与基础》专业课程教学工作；1996年学校根据市场的需求变化开设了"电子电器应用与维修"专业，彭宇福又拜当时遂宁地区长虹电视机的保修技师田世荣老师为师，学习黑白电视机、彩色电视机的维修技术，先后担任电子电器应用与维修专业的《电子线路》《电子技术基础》《电子技能与实训》《黑白电视机原理与维修》《彩色电视机原理与维修》和《电机运行与控制》等课程的教学工作。2004年彭宇福同志因教学效果好，管理能力强，提升为学校教导处副主任，2007年兼任学校电子专业部主任，主持学校电子电器应用与维修专业建设工作，2010年电子电器应用与维修专业成功创建为四川省重点专业。彭宇福老师多次改行担任不同学科的教学工作，同时积极钻研专业建设工作，工作上勤勤恳恳，兢兢业业，这一切工作动力都来自他对职业教育事业的热爱。

培训——专业成长的催化剂

彭宇福老师的专业成长离不开他参加的各级各类培训，通过参加国省级专业教师培训，不仅更新了他的职业教育理念，还提升了他的专业技能，丰富了他的专业知识，培训成为彭宇福老师专业成长的催化剂。2004年他参加了四川省中等职业学校教务处提升培训，2007年参加了省级双师型教师培训，2009年在成都航科职业技术学院参加了中职学校的教务科培训，2004年至今，彭宇福老师每年至少都要参加一项省级及以上的专业培训，这些培训活动追花了他的专业成长。

科研——专业成长的舞台

彭宇福老师还积极参加各类教学科研活动，把自己的教育教学行为都纳入研究的范畴；为了掌握研究的方法，既注重书本知识的学习，还注意向教育科研方面的专家咨询。2008年彭宇福老师在遂宁市电子电工教学研究会上作了《感悟式教学模式的研究与实践》的专题交流发言，得到了与会同行的好评；2012年彭宇福担任全国数字化教学资源电工基础组组长，带领全国12所中等职业学校的28名电工基础专业课教师开展《电工基础》数字化教学资源的科研工作，科研成果顺利通过教育部的验收；2015年彭宇福担任四川省教育体制综合改革项目"探索现代学徒制试点"的主研人员，顶层设计了《大英县中等职业技术学校现代学徒制试点实施方案》，并带领工作团队开展了试点工作，该项目顺利通过四川省综合改革办公室的验收；同年作为省级科研课题"中职校现代学徒人才培养模式创新研究与实践"的主研人员，积极参加课题研究工作，该课题与2017年顺利结题。2016年以来，彭宇福老师还市级专家身份参加了遂宁市教育局主持的市级示范专业建设的评估指导工作，参加了遂宁市新增专业的评估工作，还在遂宁的专题教研会上作了《人中等职业学校人才培养方案的开发路径》的专题培训。近年来，他在省级以上的刊物上发表科研论文8篇，主编中等职业学校专业教材3部。无论是彭宇福老师参加的科研工作，还是主持的科研。培训工作，对他的专业成长来说都是一个很好的成长舞台

反思——专业成长的提升

反思工作的过程，为了达到某一个目标，寻求某种策略而冥思苦想。也是在这样的"逆境"中，让彭宇福深刻认识到了反思的重要。当他成功设计了一节课，成功设计了一堂课的教学方法，顺利转化了感化了一名学生时，他会及时将这个成功的过程进行记录，并反思自己为何成功，为今后的工作积累经验，于继承中创新。当他在探索教学模式的过程中遭遇失

败时，当他的课堂教学中达不到应有的效果时，他会冷静地思考失败的原因是什么，并不断地寻求新的方法，直到成功为止。就这样，他不停地在他的微笑朋友圈中书写着他的所思所感，不断地探索着、记录着。正是这种不断地探索与反思成就了他、提升了他。

案例7：

彭鹏同志双师型教师成长案例

坚守技能成长初心 弘扬匠心精神

彭鹏，男，汉族，中共党员，四川省遂宁船山人，1973年10月出生。机械设计制造及其自动化专业本科学历，高级教师职称，四川省焊工/钳工考评员。1996年08月到遂宁遂州轴瓦厂工作，从事轴瓦倒角加工及工艺编制工作。2004年1月—2011年2月在遂宁市机电职业技术学校任教，2011年03月至今在大英县中等职业技术学校工作，从事中等职业学校机械专业课程教学、班主任工作。2009年9月被遂宁市委市政府评为"遂宁市名教师"，2015年9月被大英县委县府表彰为"优秀教师"，2020年9月被遂宁市委市政府表彰为"遂宁市优秀双师型教师"。

图5-10 2009年9月彭鹏被遂宁市委
市政府评为"遂宁市名教师"

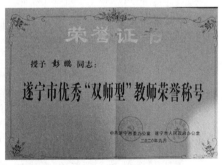

图5-11 2020年9月彭鹏被遂宁市委
市政府表彰为"遂宁市优秀双师型教师"

校企双岗锻炼 实现双向能力提升

1996年08月—2003年12月在遂宁遂州轴瓦厂工作，从事轴瓦倒角加工及工艺编制工作。工作中虚心向企业技师学习生产一线实践操作经验，学习汽车行业汽车轴瓦先进的加工工艺，在近8年企业锻炼中，积极将学校所学专业理论与生产实践紧密结合，既培养了吃苦耐劳的工作作风，又增强了产品的质量意识。

2004 年 1 月至今，先后在遂宁市机电职业技术学校、大英县中等职业技术学校任教，从事中等职业学校机械专业《机械制图》《机械 CAD》等课程教学及班主任工作。在职业学校工作期间，将企业实践中所学的产品加工工艺、工艺流程用于教学实践，教学质量评比名列前茅，累计为机械行业、对口高职院校培养机械专业技术技能型合格毕业学生 2000 余名。近 5 年指导机械专业学生参加省、市技能大赛 20 余人次获得一等奖，彭鹏同志多次荣获"优秀指导教师"奖。

在企业和职业学校工作期间，始终坚持技能成长初心，以大国工匠精神为引领，既促进自身技能型专业成长，又在教学中培养学生车工操作、机械 CAD 等专业技能与岗位职业素养。

探索现代学徒制育人模式　实施校企共育

积极探索现代学徒制人才培养模式，改变以前单纯由职业学校为培养主题的模式，探索实施现代学徒制，更加明确人才培养目标，也有利于实现校企双方教学资源共享。彭鹏同志在机械专业教学与专业建设工作中，积极与大英新代机械、德阳铭升机械厂对接，成功实现引企入校，建成生产型实现基地 2 个，学生在参加车工、焊工、数控加工操作技能实训中，学校与企业技师共同指导，学习场景为校内实训室与企业生产型车间交替进行，学业成绩由学校老师与企业技师共同鉴定，增强学生毕业后就业竞争力。彭鹏同志在完成对学生技能指导同时，还积极参加企业岗位实践，定期与企业技师研讨"理实一体人才培养方案"修订，业务能力显著提升。

以教科研工作为载体　提高专业内涵建设能力

彭鹏积极参加机械专业国、省骨干教师培训与各类校本培训，及时总结教学心得和经验。2014 年 05 月参编教材《车工实训》由北京理工大学出版社出版发行并在中职学校推广使用，2020 年 09 月主编校本教材《新能源汽车整车控制系统检测维修》由北京理工大学出版社出版。也积极撰写教学教研论文，并有二篇教学论文在国家级刊物《读与写》发表。独著教学论文《中职学校〈机械制图〉课程评价方案探索》于 2013 年 8 月在国家级刊物《读与写》发表并获壹等奖；合作论文《浅谈 PLC 技术在电工技能教学中的应用》于 2013 年 8 月在国家级刊物《读与写》发表并获壹等奖。合作论文《班主任工作之我见》于 2016 年 9 月获四川省教科所中等职业学校优秀论文评选二等奖。论文《中高职衔接教育初探》于 2016 年 9 月获四川省教科所中等职业学校优秀论文评选三等奖。另有交流文章《车工工艺实施素质教育的探索》在 2007 年 9 月四川省中职论文交流荣获中荣获二等奖；论文《中职学校〈机械制图〉课程评价方案探索》在 2013 年 8 月四川省中职论文交流荣获三等奖。

指导青年教师成长

彭鹏同志于 2016 年 9 月及 2017 年 9 月，指导机械专业青年教师幸丫椿、石昊东在教育教学技能等方面快速成长。通过听课、评课、导课，指导课件制作，带班及班团课开展等方面的传帮带，幸丫椿老师已成长为机械专业教研组长，2016—2020 年，指导学生参加遂宁市机械 CAD 竞赛，连续多次荣获"优秀指导教师"；石昊东已成长为加工制造专业部政教组长，2019 年参加遂宁市中等职业技术学校机械专业教师说课比赛获得一等奖；参加遂宁市教师教学能力大赛获二等奖；2019 年 9 月被学校评为"优秀班主任"。二位青年教师已经成长为我校的骨干教师。

四、名师工作室成就名师

通过现代学徒制人才培养模式的探索，大力弘扬职业教育"工匠精神"。学校目前拥有省级名校长工作室一个，市级名教师工作室两个。学校自行组建了"巧匠名师工作室""春圃名师工作室"等四个名师工作室，充分发挥名师在课程建设、教学模式改革、教育教学科研方面的引领作用，6 年来先后组织了 600 多人次参加各级培训，其中企业实践 217 人次。教师形成了以在学校教书为荣的氛围。教师成长迅速，2 位教师成长为省特级教师，2 为教师成长为正高级教师，3 位教师成长为市级学术和学科带头人，4 人成长为市级"工匠精神"传承人，共培养县级专业带头人 18人，县级骨干教师 32 人。

案例 8：

徐景慧同志成长案例

徐景慧，中共党员，大学本科学历，正高级讲师，四川省特级教师，四川省中小学名校长；现任大英县中等职业技术学校党委书记、校长。

30 年前，在父亲这位老教育工作者期盼的目光中，17 岁的他走上了三尺讲台，白驹过隙、青丝覆雪，三十年里我多次放弃了改行从政的机会，矢志不渝地守望着自己心中的麦田，激情满怀地行走在逐梦教育的路上；11 年前，他用不到两年的时间把亲手新建的九年一贯制学校建成了四川省新成长型学校、遂宁市特色学校，时任教育厅厅长涂文涛到校指导并给予高度评价；5 年前，他来到大英县中职校，面对办学条件落后、教学理念陈旧、人事关系紧张、社会形象极差的办学窘境，大胆地进行整顿和改革，用了不到 3 年的时间，重新擦亮国家示范学校的品牌。

"职业教育是托底的教育，职校学生也是每个家庭的希望！"这是崔昌宏副厅长对他的殷殷嘱托。在职业教育这片广阔的天空，他找到了自己心中的理想教育的真谛。坚持"培养自主能力，领航幸福人生"的办学理念，秉承"笃学、修德、励行、精技"的校训，确定了规范化、精细化、特色化、品质化的学校发展四部曲；建成了省级示范专业 1 个，省市重点专业 4 个，成为教育部首批"1＋X"证书制度试点单位；成为第二批省"现代学徒制探索试点"项目唯一的中职学校；9＋3 工作成为全市标杆，教学诊改迎接省中期督导并获得好评；在全市率先启动社区教育学院工作并荣获四川省终身学习品牌项目。全市现代学徒制工作现场会、教学诊改现场会、9＋3 工作现场会、社区教育现场会接连在学校召开，办学经验和成果在全市推广；近三年，110 多名学生获得省市技能大赛一二等奖，160 多名学生走进了四川农业大学等本科院校，近两千名学生顺利升入高职院校圆了大学梦。"全国职业教育先进单位"等荣誉凝聚着他和同事们的心血和汗水。

他坚持立德树人，师德为先，长期坚持一线任教，聚焦课堂提效率。继 1994 年获得全省优质课比赛一等奖后，2020 年再获全省职业院校教学能力大赛三等奖、市二等奖。2019 年，他的一项教学成果在全市推广。他主研了《中职校现代学徒制人才培养模式的实践与创新研究》等 7 个省市课题，《中职学校教学诊断与改进中课程体系建设探索》等 5 项教育成果分获省市二三等奖，撰写的《激发学生语文学习动力的三要素》等 7 篇教学论文在《教育艺术》等教学期刊公开发表；参加编写修订的 4 本教材公开出版发行，主编了 4 本校本教材。

在他强力推进下，学校组建了三十多个社团，开展丰富多彩的第二课堂。携手英创力探索现代学徒制试点，和遂宁品信合作开展订单式人才培养，和成都宝和合作实施前校后厂模式。先后和 12 个企业合作，探索校企合作、双元育人模式。他每年用 10 天以上的时间深入企业调研，撰写出高质量调研报告 5 篇，并受邀到县外学校交流推广。

因为热爱，所以耕耘，所以收获。徐景慧同志先后获得四川省特级教师、四川省中小学名校长、遂宁市"名校长领衔人""遂宁市中小学学科带头人"等二十多项殊荣，先后兼任遂宁市人民政府督学、"遂宁市名师名校长"评审专家、市教师中级职务评审委员会委员、四川省普通话水平测试员等。

图 5-12　徐景慧同志"四川省中小学名校长"证书

第三节　学校特色彰显

一、学校以幸福文化领航幸福人生

全校形成了以幸福文化为核心的文化发展理念。学校的特色文化建设，有着得天独厚的条件深厚的文化底蕴，一直沐浴在遂宁观音文化之中，受被誉为中国第五大发明、世界石油钻井之父的卓筒井文化的洗礼，中国死海、浪漫地中海的创新体验文化也滋润着我们。涌现出一批品牌团队、品牌活动、品牌课程、品牌教师、品牌学生，完全得益于以布局调整、职教攻坚为契机，以"打造学校品牌"为学校特色文化建设的核心理念的品牌文化建设。在品牌文化建设的带动下，除了专业建设、校园建设的硬实力外，学校在软实力建设方面取得了显著成绩。构建了以人为本的办学思想体系，形成了合理的办学理念。幸福文化建设，以马斯洛需要层次论为核心理论、以"充实感、成就感、方向感"为核心理念作为指导，丰富、发展了马斯洛需要层次论，宣传、学习了积极心理学、人职匹配理论、多元智能理论、弗洛伊德心理学等先进的人本主义思想，梳理了办学理念，形成了幸福文化为主题的办学思想体系。编写了《文化漫游》《品牌文化》《幸福文化》《生命文化》《梦文化》等特色文化校本教材，研发了科技与人文融合的"三明治"专业教材，形成了幸福教育模式。即以行动为出发点、以宁静为落脚点和若干中间环节的育人模式；在学生动起来基础上，做到好玩、有趣、高效，形成美的课堂、艺术化课堂、创造的课堂理想的幸福教学模式等。在幸福文化的沐浴下，坚持立德树人根本任务，学校的公共文化课程建设发展迅速，坚持了"五育并举"的育人理念，涌现出一个又一个典型的学生成才案例，同时，学校的藏区"9＋3"工作开展良好，有效促进了民族区域融合。

案例 9：

扎什洛热个人成长案例

亲情关爱　格桑花开

扎什洛热，男，藏族，生于 1992 年 2 月，中共党员，四川省丹巴县人。2009.09—2012.07 四川省大英中等职业技术学校就读，2011 年 7 月发展为共产党员，2012 年参加"文化测试＋面试"双招考试，取得全省第三的优异成绩。先后获得"县先进个人""县优秀共产党员""县扶贫先进个人"等荣誉。现任中共甘孜藏族自治州理塘县格聂镇人民政府四级主任科员、党组成员，曲登乡党委副书记、曲登乡人民政府乡长。

2009 年 9 月，大英县中职校响应省委、省政府的指示精神，招收首批甘孜藏族自治州"9＋3"学生，扎什洛热有幸成为其中一名学生。像扎什洛热这些"9＋3"一样，他们来自最边远、最基层、最贫困的地区，家庭及生活条件普遍较差。他们承载着一家人甚至几家人的梦想和希望，并且多数学生文化基础差，行为习惯差，自卑感强，怕吃苦、易冲动。

结对帮扶，培养知恩感恩情怀

扎什洛热作为"9＋3"学生中的一员，典型个人具体表现为天性活泼、懂礼貌、尊重师长、团结同学，但存在文化基础差、纪律观念淡薄、容易冲动等问题。学校本着"关心关爱到位，管理一视同仁"的原则，开展爱国主义、民族团结、遵纪守法、文明行为、励志成才"五项教育"。实施学习有人辅导、生活有人关心、生病有人护理、购物有人陪同、心灵有人沟通、迷茫有人指导、错误有人指正的"七有帮扶"举措，建立"一对一"师生、生生结对帮扶机制。学校挑选全国优秀教师冯美华、学校先进个人王建国同学与扎什洛热结对子，生活上陪同、心灵上沟通、学习上辅导，渐渐地扎什洛热性格开朗起来，积极参与国庆感恩、重阳敬老等活动。结对帮扶，扎什洛热感受到党和国家政策滋润，立志成才报国。

专项教育，培养良好行为习惯

一是学校"五专项"教育。通过集会讲、专项教，对内务卫生、纪律安全、仪表形象、操课集会方面展开开学一周教育，结对教师冯美华手把手地教，扎什洛热一丝不苟学习参与，行为习惯越来越好。二是参与自主管理。学校以"培养自主能力，领航幸福人生"为办学理念，从内务卫生、纪律安全、操课集会等方面实施自助管理。作为学生会生活部部长扎什洛热，提出的寝室内务达到"三齐""五统一"标准（即床上用品摆放整齐，床下用品摆放整齐，生活用品摆放整齐；被子统一折叠，鞋子统一摆放在床下成线，衣服统一放在壁橱内，床上用品统一定位，室内统一保持洁净）。学校环境卫生、寝室内务得到了很大提升。这一系列检查标准沿用至今。

主题活动，促进民族团结交融

一是丰富多彩的社团活动。学校开设技能、文体等四大类二十多项社团活动，为学生提供基于兴趣、特长、专业方面素质拓展课。扎什洛热积极参与球类比赛、歌咏比赛、观看爱国题材电影等一系列活动。同时，扎什洛热参加"携手共进，献礼国庆"大型新生联谊晚会活动，主动报名与内地同学同台表演了2个节目，展示了藏区学生能歌善舞的特长，并加强了其与在校生的交流与融合。在新生联谊会、五四文艺晚会、周末晚会乃至县、市大型晚会上，扎什洛热同学都尽情地展示着他的歌舞才华，释放着他的豪气与奔放，获得了各级领导的高度称赞；扎什洛热和巴桑卓玛参加遂宁市"红歌赛"，挺进了最后总决赛，并获得了"最佳表演奖"。二是形式多样的德育活动。学校举办专题讲座、国旗下讲话等形式对所有民族地区学生进行爱国主义教育、集体主义教育、法制教育、纪律教育、良好行为习惯的养成教育和民族团结教育。在学校"手拉手联谊活动"，扎什洛热与两名汉族同学结成帮扶对子互相了解对方的家乡风土人情，互相学习对方的语言，互相过对方民族的重要节日，互通一封倾诉心声的书信、互赠一张亲手制作的贺卡；内地学生还把扎什洛热请到家做客，共同感受家的温馨。这一系列的举措和众多丰富多彩的活动，让扎什洛热尽情张扬个性、彰显活力，在同学们的掌声中体味成功，找到自信；在与同伴的协作中感受友爱，学会交流；在激烈的竞争中积极进取、超越自我；在服务他人与集体中得到快乐、学会感恩。

分层教育，培育国家栋梁

"9＋3"学生远离家乡、文化基础差、行为习惯较差。学校秉承幸福教育的办学理念，"正视学生现状，关注学生未来"，教科室组织精干力量，修订完善《"9＋3"人才培养方案》；实施分层教学、单独建班；组织语文、数学、思想政治科教师编制校本教材。扎什洛热文化基础较弱，在帮扶教师冯美华关心下，他放弃周末休息时间，参加学校组织的补习班，不懂就看、不会就问，渐渐地各科学习成绩越学越优，成为"9＋3"学生学习楷模。扎什洛热通过在校期间的文化学习，成绩提升效果显著，在双招考试中取得全省第三的好成绩并成功考取公务员资格。

亲情关爱、格桑花开

扎什洛热同学是从大山里面牧民家庭外出求学的孩子，学校经过三年孜孜不倦的培养，从思想、行为、学习、价值观等各个方面进行了正面的引导。把他从一个牧民培养成了一名优秀的共产党员、一名优秀的基层管理干部，可谓呵护备至、费尽心血

图 5-13　民族地区学生举办文艺会演

，无不侵染着教职工的心血和汗水，扎什洛热个人成长案例只是我校"9＋3"学生成才典型的一个代表，我校坚持十余年的"9＋3"工作对藏区社会长治久安、扶贫攻坚、经济发展起着不可估量的作用。

二、多项课题获立项，学校内涵发展的提高

学校内涵发展得到了很大提高，十多年来学校承担国、省级课题研究10多项，是同类学校中承担科研课题立项最多的学校。2015年承担了四川省教育综合改革试点项目：（项目名称）现代学徒制探索试点——（子项目名称）探索现代学徒制试点（四川省教育体制改革领导小组办公室关于公布第二批四川省教育综合改革试点项目的通知川教改办〔2015〕4号）。中期成果《基于现代学徒制的"三段互渗"人才培养模式探索实践》被《四川省教育综合改革试点项目阶段成果集》收录。学校同时承担了2015年度四川省教育厅立项课题：中职校现代学徒制人才培养模式的实践

与创新研究（川教函〔2015〕310 号），项目推进与课题研究相辅相成，相得益彰。学校的内涵发展得到了很大推动。学校实施"分层教学模式"改革。根据学生个体之间的学习品质、认知基础和发展潜能等方面的差异，分层次进行教学，实行"定向培养目标分层模式""分层互动模式""定向培养目标分层模式"是中职学校根据学生的毕业去向开展分层分班教学，分为两个层级，一是就业，二是升学。"分层次互动式教学模式"是指保留专业班级，对在数学、英语课程的教学中，把同年级学生按照一定标准分层组班教学。在教学过程中，通过学生不同学习阶段在不同层次的流动，使学生获得最适合自己的学习条件，从而提高每个学生学习效果的一种教学组织形式。教改成果《基于"分层教学"的中职校教学模式的创新研究与实践》获四川省职业与成人教育学会 2015－2016 年科研课题研究二等奖。

三、学校的集体的荣誉增加学校区域影响力

学校以鲜明的办学特色，显著的办学成效，唱响发展主旋律，成功实现了跨越式发展，在区域内塑造了品牌，勇立遂潼地区职业教育潮头。2015 年 10 月，学校被教育部办公厅、人力资源社会保障部办公厅、财政部办公厅（教职成厅函〔2015〕48 号、川教函〔2015〕713 号）批准为：国家中等职业教育改革发展示范学校建设计划第二批项目学校；2014 年 4 月被教育部、财政部、农业部、发改委、人社部、国务院扶贫办授予：全国职业教育先进单位；2016 年 11 月，被中科协、教育部、发展改革委授予优秀活动示范学校；2013 年 12 月，被四川省教育厅授予：四川省中等职业教育学生内务管理示范学校；2011 年 4 月，被四川省藏区免费中等职业教育计划工作领导小组授予四川省藏区免费中等职业教育工作先进集体；学校获得全国艺教先进单位、全国消防安全教育示范学校、四川省青少年科技教育示范学校、四川省民族团结进步创建活动示范学校、四川省藏区免费中等职业教育先进集体、四川省示范专业（汽车运用与维修新能源方向）项目建设单位、全国首批"1＋X"证书制度试点学校、省首批"现代学徒制"项目试点学校、四川省级德育先进单位、四川省校风示范

校、遂宁市劳务培训先进集体、遂宁市技能大赛团体一等奖等多项称号和荣誉称号。学校在成渝地区的影响力进一步得到了提高。

图 5-14 学校被授予优秀活动示范学校

图 5-15 学校参加职业教育活动周展示活动

四、建立多个校内外实训实习基地

学校紧跟当地产业发展的政策和产业发展变化的趋势，各专业分别创新了"工学结合、理训一体""校企共育、三段培养""全程式工学结合、校企一体""三段分层、台阶递进"等人才培养模式。编制完成了新的人才培养方案。

学校还坚持把学校办到当地工业园区去,与大英县经济开发区的企业:四川飞亚汽车零部件制造有限公司、大英新代机械制造有限公司等集团员单位挂牌成立了大英县中职校校外实训基地。实现了校内实训基地7个、校外实训基地24个、理实一体化车间15个,实训岗位达2900余个。校内外实训基地被遂宁市教育局授予"校企一体化人才培养模式改革创新实验基地"。学校主动与政府、企业联动,借助企业招聘会,人才双选会等平台,近十年来为大英县经济开发区,大英文旅产业园的十余家企业输送技能人才3000余人,为地方经济社会发展提供了技术支撑和人才保障。

表 5-2 校内实训基地信息统计列表

序号	基地名称	面向专业
1	动画制作实训基地	计算机应用
2	电子电工技能实训基地	电子电器应用与维修
3	3D模拟导游实训基地	旅游服务与管理
4	数控加工实训基地	机械加工技术
5	汽车运用与维修实训基地	汽车运用与维修
6	物联网实训基地	电子电器应用与维修
7	工业机器人实训基地	电子电器应用与维修

表 5-3 校外实训基地信息统计列表

序号	基地名称	面向专业
1	成都宝和汽车有限公司	汽车运用与维修
2	遂宁品信汽车销售服务有限公司	汽车运用与维修
3	深圳富诚达科技有限公司	计算机专业、物联网、机械加工、机器人

续表5-3

序号	基地名称	面向专业
4	四川盛马化工股份有限公司	石油炼制
5	大英丝路环球文旅城中恒文旅集团	旅游服务与管理
6	大英西南精密模具有限公司	机械加工技术
7	中国死海旅游度假区	旅游服务与管理
8	四川英创力电子科技股份有限公司	电子电器应用与维修
9	四川星达机器人有限公司	机器人
10	齐辉机械制造有限公司	机械加工技术
11	三一重工股份有限公司	机械加工技术
12	上海大众汽车有限公司	汽车运用与维修
13	四川飞亚曲轴有限公司	汽车运用与维修
14	北京眉州酒店管理有限公司	旅游服务与管理
15	遂宁市普瑞森电子有限公司	电子电器应用与维修
16	昆山六丰机械工业有限公司	机械加工技术
17	东莞铨讯电子有限公司	计算机应用、电子电器应用与维修
18	光宝移动通讯珠海有限公司	计算机应用
19	北京眉州酒店管理有限公司	旅游服务与管理
20	四川天友集团	旅游服务与管理
21	重庆市力帆乘用车有限公司	汽修运用与维修

五、为遂潼川渝毗邻地区一体化贡献大英力量

　　国家提出"成渝地区双城经济圈建设"发展战略后，川渝地区的中等职业学校如何构建发展共同体？川渝两地中等职业学校如何捆绑发展？这给中等职业学校留下了新的探索课题。2020 年 11 月，学校与重庆市潼南职业教育中心建立校校合作关系，共同举办了 2020 年遂宁市·潼南区中等

职业教育师生技能大赛。"以赛促融 以赛促学",充分发挥出职业教育校企合作、产教融合的现代学徒制人才培养模式的优势,选手们发扬了精益求精、追求完美极致的"工匠精神",推进了遂潼职业教育一体化内涵发展。

第四节 社会积极反响和经济效益

一、教育主管部门领导高度重视

2015 年 6 月 15 日 —16 日,学校作为四川省中等职业技术学校仅有两所学校代表,迎接国务院教育督导委员会检查组专项督导检查职业教育。国务院教育督导委员会办公室学校督导处处长崔立双,教育部职业教育中心研究所评

图 5-16　国务院教育督导委员会办公室学校督导处
处长崔立双视察学校科技创新教育工作

估中心助理研究员程云,中国教育科学研究员督导评估中心助理研究员吴建涛,在四川省人民政府督导委员会办公室主任谢凤山,四川省教育厅高教处副处长谢亮冯一行人的陪同下,对学校的现代学徒制人才培养模式探索和实践进行了督导。崔立双处长深入查看了各学校实训基地实际情况,听取了学校概况、招生就业、校企合作、教育教学等方面的情况汇报,对学校的现代学徒制人才培养模式高度认可。

2016 年 9 月 26 日,四川省教育体制改革领导小组办公室和四川省教

育发展研究中心，对学校的"现代学徒制探索试点"工作开展专项督查调研，对项目组织机构建设、项目实施情况、工作机制建设情况、工作宣传情况和资金使用情况进行了督查调研，调研过程中，对学校的现代学徒制人才培养模式探索取得的成绩高度认可，对项目探索过程中所面对的共性问题进行了剖析。

图 5-17　四川省教育体制改革领导小组办公室对现代学徒制试点项目督查

图 5-18　省教育厅专家检查学校现代学徒制试点工作

二、主流媒体报道，纳入地方政府工作报告

现代学徒制人才培养模式引起了新闻媒体的高度关注，多家新闻媒体先后对学校进行了二十多次宣传报道。《中国教育报》以《创新中前行，开拓中腾飞》为题，《中国职业技术教育》以《创建'学做融合'模式，打造动态高效课堂》为题，《经济》杂志以《彰显办学特色，铸造职教品牌》为题对我校进行了集中报道。现代学徒制人才培养模式极大地提高了学校办学声誉，提高了政府对职业教育和学校的关注度。2016 年度县政府工作报告中把"校企合作实施现代学徒制试点"写入了政府工作报告，并出台有关大力发展大英县中等职业教育系列措施，化解了学校发展中遗留的六千余万元债务。2017 年度市教育局重点教育体制改革任务，又再一次把学校开展的现代学徒制人才培养纳入同年的重点改革项目中。在政府支持和学校良好声誉的影响下，从 2016 年开始学校招生稳定提高，每年以平均 35％的增长率增加。2020 年完成招生人数 1200 人。"现代学徒制探索"为中职学校开辟了新的道路，能够激发更多中职学校尝试通过改革人才培养模式解决招生难问题的信心。

图 5-19　现代学徒制试点工作成果交流现场会

2017 年 6 月 23 日，遂宁市中等职业技术学校现代学徒制试点工作成果交流现场会，在学校召开。学校代表遂宁市中等职业技术学校对现代学徒制试点探索工作进行了汇报，学校开展现代学徒制人才培养模式改革探索工作得到了与会学校的认可。

三、企业效益，经济效应

近五年来，学校各专业为社会企业培养和输送了一大批初、中级专业技能人才和管理人才，为大专院校输送了大批优秀大学生。历届毕业生都受到成都、北京、昆明、广州、深圳、苏州、杭州、上海、东莞、珠海等地用人单位的广泛好评和青睐。毕业生就业以民营企业为主，服务于第一产业占比 15%、第二产业占比 65%、第三产业占比 20%。

学校为地方经济发展的主要产业培养技术技能人才 780 人，为当地培训技术技能人才 2500 人，产生的社会效益和经济效益 600.00 万元，学校师生参与当地产业发展或结构调整技术攻关 15 人。学校自从开展现代学徒制人才培养模式探索和试点以来。

四、促进了省级专业动态调整

通过现代学徒制人才培养模式的改革，推动了学校专业动态化调整，学校获得四川省教育厅专业建设 300 万专项经费支持。如下图文件所示：四川省教育厅等三部门关于下达"四川省师范中等职业学校建设计划"和"四川省中等职业学校示范（特色）专业建设计划"第二批项目学校建设方案及任务书的通知。

表 5-4　四川省中等职业学校示范（特色）专业建设计划
第二批项目建设方案及任务书获准批复的学校及专业名单

序号	学校名称	专业名称
1	广元利州中等专业学校	护理
2	成都市工程职业技术学校	物流服务与管理

续表5-4

序号	学校名称	专业名称
3	四川省旅游学校	高星级饭店运营与管理
4	四川省泸县建筑职业中专学校	建筑工程施工
5	四川省泸州市江阳职业高级中学校	计算机平面设计
6	成都电子信息学校	电子技术应用
7	四川小旺苍职业中学	现代农艺技术（茶学方向）
8	四川省宜市工业职业技术学校	电子技术应用
9	富顺职业技术学校	建筑工程施工
10	北川羌族自治县七一职业中学	民族音乐与舞蹈（羌族文化方向）
11	自贡职业技术学校	计算机平面设计（彩灯设计与制作方向）
12	四川省南充师范学校	学前教育
13	四川省金堂县职业高级中学	机械加工技术
14	四川省大英县中等职业技术学校	汽车运用与维修（新能源方向）
15	四川省成都市财贸职业高级中学校	中餐烹饪与营养膳食

附 1：现代学徒制项目风险预警方案

实践中职现代学徒制试点项目，校企合作实施"双主体"育人，存在着不可预知的风险。为及时识别、监控项目潜在风险及其发生概率，确定项目风险承受能力及限度，认定该等风险所可能带来的损失，制订本方案。

一、本方案主要应用于学校启动现代学徒制的探索试点工作之后的管理工作，形成风险预警。

二、风险预警可以分为：风险苗头预警、风险形成预警。

三、风险苗头预警是指出现可能导致风险形成的不利因素，是项目实施过程中监控的重点，发生下列情况可视为风险苗头预警。

1. 企业把学生作为员工使用，弱化技能培养；

2. 企业忽视安全防护，学生人身安全存在隐患；

3. 学生进入企业后，企业忽略学生员工身份，不为学生购买保险；

4. 学生现代学徒制岗位与教学计划不符；

5. 企业不按教学计划对学生实施培养，缺乏主体责任。

四、对于出现风险苗头预警的，采取及时与企业沟通、协商解决等措施。

五、风险形成预警是指上述风险苗头已经出现风险因素，对于出现风险形成预警的，采取以下措施：

1. 及时与企业沟通，协商解决；

2. 积极争取上级主管部门或政府部门调解；

3. 根据校企合作协议，诉诸法律。

六、本预警方案应根据客观形势进行相应调整，以适应不断发展的风险防范的要求。

2015 年 4 月 6 日

第一阶段风险预警工作总结

2015 年 3 月,我校承担了第二批四川省教育体制综合改革试点项目(探索现代学徒制试点),学校组织相关人员认真学习和领会了《教育部关于开展现代学徒制试点工作意见》(教职成〔2014〕9 号)、《关于开展现代学徒制试点工作的通知》(教职成司〔2015〕2 号)文件精神,充分认识到实行"招生即招工、入校即入厂、校企联合培养"的工学结合人才培养模式改革,存在着不可预知的风险,为及时识别、监控项目潜在风险及其发生概率,确定项目风险承受能力及限度,认定该等风险所可能带来的损失,按照上级部门的安排和要求,建立了风险预警机制,制订了《四川省大英县中等职业技术学校现代学徒制项目风险预警方案》,确保项目工作顺利实施。

现将第一阶段风险预警主要工作简要总结如下:

(一)提高对风险管理工作的重视程度,加强理论学习

作为风险管理人员,没有过硬的业务理论支撑无法发现潜在的风险隐患。为了全面提升综合素质,跟上政策规章制度的变化,在日常的工作中重视相关政策及规章制度的学习,对现行的政策、制度有一个较为全面的认识,并将学习用于实践,更好地指导项目工作的开展。

(二)加强风险管理常规工作,加强风险控制度建设

风险预警机制建立以来,风险识别、监控工作一直处于不断探索与改进的过程中,风险识别、监控工作变得日常化与具体化,风险识别、监控工作逐步规范。

(三)做好风险管理数据统计和分析,逐步完善风险控制体系。

风险预警可以分为:风险苗头预警、风险形成预警。风险苗头预警是指出现可能导致风险形成的不利因素,是项目实施过程中监控的重点,为识别和监控风险苗头,加强对学生在企业专业技能学习成绩的监控和工作业绩的考核,安排人员不定时进入企业车间巡查学生工作环境和工作状况,提醒督促企业为学生购买在企业期间的各种保险。

由于开展了风险识别与监控工作,我校现代学徒制试点项目实施一年来未出现任何风险。

（四）下一阶段工作计划

1. 继续加大风险监控力度，将风险理念贯穿于事前、事中、事后全过程，强化管理，防范风险。

2. 不断加强自我建设，积极参与横向与同行业交流学习活动，以实时掌握新知识，不断提高综合素质，为学校项目工作提供有力保障。

2016 年 3 月 15 日

第二阶段风险预警工作总结

自 2015 年 3 月，我校承担了第二批四川省教育体制综合改革试点项目（探索现代学徒制试点）以来，项目实施工作已快三年了，已临近上级部门检查验收。三年来，学校组织相关人员认真学习和领会了《教育部关于开展现代学徒制试点工作意见》（教职成〔2014〕9 号）、《关于开展现代学徒制试点工作的通知》（教职成司〔2015〕2 号）文件精神，充分认识到实行"招生即招工、入校即入厂、校企联合培养"的工学结合人才培养模式改革，存在着不可预知的风险，为及时识别、监控项目潜在风险及其发生概率，确定项目风险承受能力及限度，认定该等风险所可能带来的损失，按照上级部门的安排和要求，建立了风险预警机制，制订了《四川省大英县中等职业技术学校现代学徒制项目风险预警方案》，确保项目工作顺利实施。

现将项目实施三年来风险预警主要工作简要总结如下：

（一）建立风险预警机制，加强项目试点工作风险预测和评估

为保障项目试点工作的顺利实施，学校顶层设计，把项目工作的风险监测与防患作为工作中的重要一环，制订了《四川省大英县中等职业技术学校现代学徒制项目风险预警方案》，组建了以法人代表为组长的风险预警工作小组，开展日常工作。

（二）加强理论学习，增强风险识别和预测能力

三年来，学校一直重视风险管理人员风险识别和预测能力的培训培养，为了全面提升风险预警队伍的综合素质，跟上政策与规章制度的变化，在日常的工作中继续重视相关政策及规章制度的学习，对现行的政

策、制度有一个较为全面的认识，并将学习用于实践，更好地指导项目工作的开展。

加强交流学习与研究，三年来采取走出去请进来的方式共四次，请专家学者到校为管理团队上课，组织人员到开展项目试点的同类学校交流学习，通过这些方式提升了风险管理人员的风险识别和预测能力。

（三）规范管理风险预警常规工作，加强风控制度建设

现代学徒制试点项目作为学校前所未有的新生事物，其风险识别、监控工作一直处于不断探索与改进的过程中，学校在摸索中探索，在探索中前进，逐步使风险识别、监控工作变得日常化与具体化，风险识别、监控工作逐步规范。

（四）做好风险管理数据统计和分析，逐步完善风险控制体系。

在风险预警工作中，学校坚持把风险苗头预警作为项目实施过程中监控的重点，为识别和监控风险苗头，加强对学生在企业专业技能学习成绩的监控和工作业绩的考核，安排人员不定时进入企业车间巡查学生工作环境和工作状况，提醒督促企业为学生购买在企业期间的各种保险，查验企业是否按教学计划对学生实施培养，是否缺乏主体责任。

坚持风险月查月报，及时做出风险苗头分析，将风险防患于未然。

由于开展了风险识别与监控工作，我校现代学徒制试点项目在三年来的实施和推进中，"学校与企业联合培养"的工学结合人才培养模式获得成功，"学校主导，学校企业双主体"这种现代学徒制培养模式得到切实的践行，学生学业成绩、工作技能优秀，成为企业的优秀技能人才，在企业期间无任何安全事故发生，学生在企业期间薪酬、保险到位，我校现代学徒制试点项目风险为零，风险预警工作圆满。

四川省大英县中等职业技术学校
2017 年 9 月 23 日

附 2：国家职业技能标准：家用电器产品维修工

（2009 年修订）

1. 职业概况

1.1 职业名称

家用电器产品维修工。

1.2 职业定义

使用兆欧表、万用表、示波器等电工仪器仪表和使用相应工、夹、量具仪器仪表及检修设备，对家用制冷器具、家用空调器具、家用电热器具、家用电动器具等家用电器进行维护、修理和调试的人员。

1.3 职业等级

本职业共设五个等级，分别为：初级（国家职业资格五级）中级（国家职业资格四级）、高级（国家职业资格三级）、技师（国家职业资格二级）、高级技师（国家职业资格一级）。

1.4 职业环境

室内、常温。

1.5 职业能力特征

具有一定的观察、判断、推理、学习能力；手指、手臂灵活，动作协调。

1.6 基本文化程度

高中毕业（或同等学历）。

1.7 培训要求

1.7.1 培训期限

全日制职业学校教育，根据其培养目标和教学计划确定。晋级培训期限：初级不少于 150 标准学时；中级不少于 300 标准学时；高级不少于

150 标准学时；技师不少于 150 标准学时；高级技师不少于 150 标准学时。

1.7.2 培训教师

培训初级家用电器产品维修工的教师应具有本职业高级及以上职业资格证书或相关专业中级及以上专业技术职务任职资格。培训中级、高级家用电器产品维修工的教师应具有本职业技师及以上职业资格证书或相关专业中级及以上专业技术职务任职资格；培训家用电器产品维修工技师的教师应具有本职业高级技师职业资格证书或相关专业高级专业技术职务任职资格；培训家用电器产品维修工高级技师的教师应具有本职业高级技师职业资格证书 2 年以上或相关专业高级专业技术职务任职资格。

1.7.3 培训场地设备

满足教学需要的标准教师和具有必要的家电产品测试修理仪表及工具设备的实践场所。

1.8 鉴定要求

1.8.1 适用对象

从事或准备从事本职业的人员。

1.8.2 申报条件

——初级（具备以下条件之一者）

（1）经本职业初级正规培训达规定标准学时数，并取得结业证书。

（2）在本职业连续见习工作 2 年以上。

（3）本职业学徒期满。

——中级（具备下列条件之一者）

（1）取得本职业初级职业资格证书后，连续从事本职业工作 3 年以上，经本职业中级正规培训达规定标准学时数，并取得结业证书。

（2）取得本职业初级职业资格证书后，连续从事本职业工作 5 年以上。

（3）连续从事本职业工作 7 年以上。

（4）取得经人力资源和社会保障行政部门审核认定的、以中级技能为培养目标的中等以上职业学校本职业（专业）毕业证书。

——高级（具备下列条件之一者）

（1）取得本职业中级职业资格证书后，连续从事本职业工作 4 年以上，经本职业高级正规培训达规定标准学时数，并取得结业证书。

（2）取得本职业中级职业资格证书后，连续从事本职业工作 6 年以上。

（3）取得高级技工学校或经人力资源和社会保障行政部门审核认定的、以高级技能为培养目标的高等职业学校本职业（专业）毕业证书。

（4）取得本职业中级职业资格证书的大专以上本专业或相关专业毕业生，连续从事本职业工作 2 年以上。

——技师（具备下列条件之一者）

（1）取得本职业高级职业资格证书后，连续从事本职业工作 5 年以上，经本职业技师正规培训达规定标准学时数，并取得结业证书。

（2）取得本职业高级职业资格证书后，连续从事本职业工作 7 年以上。

（3）取得本职业高级职业资格证书的高级技工学校本职业（专业）毕业生和大专以上本专业或相关专业的毕业生，连续从事本职业工作 2 年以上。

——高级技师（具备以下条件之一者）

（1）取得本职业技师职业资格证书后，连续从事本职业工作 3 年以上，经本职业高级技师正规培训达规定标准学时数，并取得结业证书。

（2）取得本职业技师职业资格证书后，连续从事本职业工作 5 年以上。

1.8.3 鉴定方式

分为理论知识考试和技能操作考核。理论知识考试采用闭卷笔试方式，技能操作考核采用现场实际操作方式。理论知识考试和技能操作考核均实行百分制，成绩皆达 60 分及以上者为合格。技师、高级技师鉴定还须通过综合评审。

1.8.4 考评人员与考生配比

理论知识考试考评人员与考生配比为 1：15，每个标准教室不少于 2 名考评人员；技能操作考核考评员与考生配比为 1：（3～5），且不少于 3 名考评员；综合评审委员不少于 5 人。

1.8.5 鉴定时间

理论知识考试时间不少于 90 分钟；技能操作考核不少于 90 分钟，综合评审时间不少于 20 分钟。

1.8.6 鉴定场所设备

理论知识考试在标准教室里进行，技能操作考核在具备必要设备、工具、量具、仪表的场所进行，设备要求能满足每人一套的待修样件（机）及相应的检修设备仪表。

2. 基本要求

2.1 职业道德

2.1.1 职业道德基本知识

2.1.2 职业守则

（1）遵守法律、法规和有关规定。

（2）爱岗敬业，忠于职守，自觉认真履行各项职责。

（3）工作认真负责，严于律己，吃苦耐劳。

（4）刻苦学习，钻研业务，努力提高思想和科学文化素质。

（5）谦虚谨慎，团结协作，主协配合。

2.2 基础知识

2.2.1 电工学与电子学基础知识

（1）电的基础知识。

（2）电路基础知识。

（3）电子电路基础知识。

（4）电磁感应与交直流电知识。

（5）模拟电路与数字电路知识。

2.2.2 微型计算机与网络通信基础知识

（1）信号传输的基本知识。

（2）单片及与微型计算机基础。

2.2.3 电器安全规程、安全操作与环保知识

（1）电器故障诊断及排除作业安全操作规程。

（2）安全防火、防冻知识。

（3）制冷剂排放环保知识。

（4）急救知识。

2.2.4 热工学基础知识

（1）工程热力学基础。

（2）传热学基础。

（3）流体力学及泵与风机。

2.2.5 机械制造与设计基础知识

（1）金属材料学习基础。

（2）机械原理与机械零件基础。

（3）机械制图基础。

2.2.6 相关法律、法规知识

（1）《中华人民共和国劳动合同法》相关知识。

（2）《中华人民共和国环境保护法》相关知识。

（3）《中华人民共和国消费者权益保护法》相关知识。

3. 工作要求

本标准对初级、中级、高级、技师和高级技师的技能要求依次递进，高级别涵盖低级别的要求。

3.1 初级

附表 1-1　初级技能要求

职业功能	工作内容	技能要求	相关知识
一、家用制冷器具维修	（一）接待客户	1. 能记录客户表述的需维修家用电器的信息 2. 能记录客户的详细地址，并约定维修时间 3. 能向客户介绍维修与维护政策	1. 家用电器的工作原理 2. 家用电器的型号表示方法 3. 家用电器维修与维护政策 4. 接待客户基本程序
	（二）电气系统维护	能对家用制冷器具的微处理器进行参数设定	微处理器设定知识

续附表1-1

职业功能	工作内容	技能要求	相关知识
	（三）制冷系统维护	1. 能清洗蒸发器内表面与外表面的污物 2. 能清洗冷凝器内表面与外表面的污物 3. 能处理产品的通风与散热问题 4. 能对蒸发器进行除霜操作	1. 家用制冷器具原理 2. 蒸发器的结构及特点 3. 冷凝器的结构及特点 4. 清洗蒸发器内表面与外表面污物的方法 5. 蒸发器进行除霜操作的方法及注意事项 6. 清洗冷凝器内表面与外表面污物的方法 7. 产品通风散热问题的解决方法
	（四）其他项目维护	1. 能对家用制冷器具进行疏通排水操作 2. 能对家用制冷器具密封条、门间隙进行调整 3. 能修复冰箱塑料内胆开裂问题、冰柜塑料端档和柜口裂开问题 4. 能清洗家用制冷器具箱体污垢 5. 能除去冰箱异味臭味	1. 塑料及其胶黏剂知识 2. 清洗剂和去异味剂知识 3. 家用制冷器具疏通排水的操作方法 4. 冰箱塑料内胆开裂、冰柜塑料端档和柜口开裂的修复方法 5. 家用制冷器具箱体污垢清洗方法 6. 冰箱异味臭味除去方法
	（五）维修准备	1. 能检查万用表各挡位是否符合使用要求 2. 能检查电流表量程及灵敏度是否符合使用要求 3. 能检查兆欧表是否符合使用要求 4. 能检查温度计的显示是否准确 5. 能准备相应产品的维修耗材 6. 能校验压力表阀及符合压力表阀	1. 万用表的使用方法 2. 电度表、电流表和钳形电流表的使用方法 3. 兆欧表的使用方法 4. 温度计的使用方法 5. 压力表阀及复合压力表阀的校验方法

续附表1-1

职业功能	工作内容	技能要求	相关知识
	（六）电气系统检修	1. 能对家用制冷器具的电源插座、空气开关及漏电保护器进行安全检查 2. 能检查、更换家用制冷器具的电热组件 3. 能检查、更换家用制冷器具的照明灯、指示灯 4. 能检查、更换家用制冷器具的门位开关、控制开关 5. 能检测、更换家用制冷器具的蒸发风机 6. 能检测、更换家用制冷器具的化霜温度保护器、温度熔断器、热敏电阻 7. 能检查电磁阀线圈是否损坏 8. 能更换电磁阀线圈	1. 基本电器符号识别 2. 电源插座、空气开关与漏电保护器知识 3. 起动继电器、热继电器与温控器知识 4. 各种控温元器件性能特点 5. 电器安全性能常识 6. 家用制冷器具的蒸发风机运转要求 7. 家用制冷器具的照明灯、指示灯安装要求 8. 家用制冷器具的门位开关、控制开关安装要求 9. 电磁线圈知识
	（七）制冷系统检修	1. 能检修家用制冷器具的蒸发器 2. 能检修家用制冷器具的冷凝器	家用制冷器具制冷系统的运行知识
	（八）交付使用	1. 能说明家用制冷器具检修维护情况 2. 能填报家用制冷器具检修维护各项费用 3. 能说明家用制冷器具使用注意事项及正确使用方法	1. 家用制冷器具检修维护成本核算知识 2. 家用制冷器具的正确使用方法

续附表1-1

职业功能	工作内容	技能要求	相关知识
二、家用空调器具维修	（一）电气系统维护	能对电接点与触点进行除锈与打磨操作	触点电弧形成知识
	（二）制冷系统维护	1. 能清洗家用空调器冷凝器和蒸发器的外表面污垢 2. 能对电机及传动装置补加润滑油 3. 能修复家用空调器管路的保温层	1. 家用空调器具原理 2. 家用空调器冷凝器和蒸发器的分类、清洗方法与注意事项 3 家用空调器具电机及传动装置补加润滑油的方法 4. 家用空调器管路保温层的修复方法
	（三）其他项目维护	1. 能疏通家用空调器凝水排水管、新风管 2. 能清洗家用空调器接水盘 3. 能拆洗过滤网	1. 家用空调器凝水排水管、新风管常识 2. 家用空调器凝水排水管、新风管清污疏通的方法 3. 拆洗过滤网的方法
	（四）维修准备	1. 能检查家用空调器所需的扩管器规格和性能是否满足要求 2. 能检查安全带的性能是否满足要求	1. 扩管器的原理 2. 安全带使用常识
	（五）电气系统检修	1. 能检查家用空调器连接线及接线端子状况 2. 能检查、更换电源熔断器	1. 电器接线注意事项 2. 电源熔断器检查方法 3. 电源熔断器更换方法
	（六）制冷系统检修	1. 能安装空调器具 2. 能检查家用空调器制冷系统的室内机冷热运行工况 3. 能检查家用空调器制冷系统的室外机冷热运行工况	1. 安装空调器具的方法及注意事项 2. 家用空调器制冷压缩机、冷凝器、蒸发器等的分类、构造、原理和特点 3. 家用空调器具正常运行参数
	（七）交付使用	1. 能说明家用空调器维护、维修情况 2. 能填报家用空调器维护、维修的各项费用 3. 能说明家用空调器正确使用方法及使用注意事项 4. 能说明家用空调器的保修期	1. 家用空调器维护情况说明 2. 家用空调器维护各项费用的计算方法 3. 家用空调器正确使用方法及使用注意事项

续附表1-1

职业功能	工作内容	技能要求	相关知识
三、家用电动电热器具维修	(一)电气系统维护	1. 能紧固家用电动电热器具接线端子 2. 能调试并运行修复后的家用电动电热器具微处理器控制器	家用电动电热器具微电脑控制器的调节操作规程
	(二)机械部分维修	1. 能清洗家用电动电热器具表面污垢 2. 能对家用电动电热器具运转部件加润滑油	1. 润滑油脂常识 2. 家用电动电热器具表面污垢清洗方法 3. 家用电动电热器具运转部件加润滑油的方法
	(三)维修准备	1. 能准备维修家用电动电热器具所需的套筒扳手 2. 能准备维修家用电动电热器具所需的其他专用工具	1. 各种拆装检修工具使用常识 2. 家用电动电热器具安全性能常识
	(四)电气系统检修	1. 能检查、更换家用电动器具的温度控制组件和超温保护组件 2. 能检查、更换家用电动器具安全开关	1. 家用电热器具的产品结构和性能知识 2. 电热管、电热带、电热板、电热膜和电热丝的知识 3. 机械式、电动式、电子式时间控制器的知识 4. 控温元器件的性能特点 5. 家用电热器具安全开关知识
	(五)机械系统检修	1. 能检查、更换家用电动器具轴承、轴承座 2. 能检查、更换家用电动器具减振部件	1. 家用电动器具轴承、轴承座工作原理 2. 家用电动器具减振部件、平衡部件工作原理
	(六)其他专用部件检修	能检查、更换家用电动电热器具水阀	家用电动电热器具水阀种类与工作原理
	(七)交付使用	1. 能说明家用电动电热器具维护后的情况 2. 能填报家用电动电热器具维护的各项费用 3. 能说明家用电动电热器具使用注意事项及使用方法	1. 家用电动电热器具维护成本核算知识 2. 家用电动电热器具上各种标识符号的含义

3.2 中级

附表 1-2　中级技能要求

职业功能	工作内容	技能要求	相关知识
一、家用制冷器具维修	（一）维修准备	1. 能检查真空泵与真空表阀是否符合使用要求 2. 能检查检漏仪灵敏度是否符合使用要求 3. 能检查系统冲洗设备是否符合使用要求 4. 能检查手动切管器、弯管器状态是否符合使用要求 5. 能检查夹管钳、封口钳是否符合使用要求 6. 能检查气焊设备是否符合要求 7. 能检查焊接器的安全附件是否齐全完整 8. 能检查钢瓶是否符合要求 9. 能标定定量加液器 10. 能调校电子秤	1. 真空泵的使用方法和要求 2. 检漏仪检漏灯的使用方法和要求 3. 系统冲洗设备的使用方法和要求 4. 手动切管器的使用方法和要求 5. 夹管钳、封口钳使用方法和要求 6. 气焊及焊条、焊药使用方法和要求 7. 焊接器具的安全使用常识及操作方式 8. 钢瓶的安全使用规范 9. 定量加液器的使用方法 10. 电子秤使用常识
	（二）电气系统维修	1. 能检修家用制冷器具的交流供电电路 2. 能读懂电气接线图 3. 能检查家用制冷器具的 PTC 起动继电器、过热和过载保护器、温控器 4. 能检修启动电容、运转电容 5. 能检测压缩机线圈的电阻值、绝缘值 6. 能维修重锤式启动器、复合式启动器 7. 能检修除霜定时器	1. 家用制冷器具的交流供电电路原理 2. 家用制冷器具电气接线图知识 3. 家用制冷器具的 PTC 启动继电器、过热和过载保护器、温控器的种类及检查、更换方法 4. 家用制冷器具启动电容、运转电容的种类及检查、更换方法 5. 家用制冷器具除霜定时器的种类及检查、更换方法

续附表1-2

职业功能	工作内容	技能要求	相关知识
二、家用空调器具维修	（三）制冷系统维修	1. 能对家用制冷器具进行吹污、气密性试验操作 2. 能充注制冷剂 3. 能更换润滑油 4. 能处理家用制冷器具不制冷或制冷系统堵塞等常见故障	1. 制冷剂知识 2. 制冷器操作安全注意事项 3. 家用制冷器具吹污、气密性试验的操作方法及要求 4. 家用制冷器具充注制冷剂、充注润滑油的操作方法及要求 5. 家用制冷器具不制冷或制冷系统堵塞等常见故障的特点及分析和解决方法
	（四）交付使用	1. 能说明家用制冷器具维修情况 2. 能填报家用制冷器具维修的各项费用 3. 能说明家用制冷器具的保修期	1. 家用制冷器具维修成本核算知识 2. 家用制冷器具产品上各种标识符号的含义 3. 家用制冷器具的使用方法及注意事项
	（一）维修准备	1. 能识读家用空调器具接线图 2. 能进行家用空调器具动力配线 3. 能校准家用空调器具所需的干湿球温度计、叶轮式风速仪、热球风速仪的精度和量程 4. 能检查家用空调器具所需的快速接头及光管接头的密封与动作	1. 国内外家用空调器具中电工常用基本图形符号的识别和使用知识 2. 家用空调器具导线和电缆线截面选择原则及注意事项 3. 家用空调器具接线理图 4. 干湿球温度计、叶轮式风速仪、热球风速仪的原理及使用方法 5. 快速接头和光管接头的原理及使用方法
	（二）电气系统维修	1. 能检查家用空调器具电控系统电容、热继电器、压力控制器与温控器 2. 能更换家用空调器具电控系统电容、热继电器、高低压继电器与温控器 3. 能处理家用空调器具不能启动、开停频繁等常见电路故障	1. 家用空调器具电控系统中电容、热继电器、压力控制器与温控器的种类及检查、更换方法 2. 家用空调器具不能启动、开停频繁等常见电路故障的分析和维修方法

续附表1-2

职业功能	工作内容	技能要求	相关知识
三、家用电动电热器具维修	（三）制冷系统维修	1. 能对家用空调器具制冷系统进行吹污、气密性试验操作 2. 能对家用空调器具充注制冷剂 3. 能对家用空调器具更换润滑油 4. 能检查家用空调器具四通换向阀的动作是否符合要求 5. 能处理家用空调器具不制冷和不制热等常见故障	1. 家用空调器具吹污、气密性试验操作方法及要求 2. 家用空调器具充注制冷剂、充注润滑油的操作方法及要求 3. 家用空调器具不制冷和不制热等常见故障的分析和维修方法
	（四）交付使用	1. 能说明家用空调器具维修情况 2. 能填报家用空调器具维修的各项费用 3. 能说明家用空调器具使用方法及注意事项 4. 能说明家用空调器具维修后的保修期	1. 家用空调器具维修和维护情况说明的内容、步骤及注意事项 2. 家用空调器具检修、维护各项费用的计算方法 3. 家用空调器具维修后的使用方法及注意事项
	（一）维修准备	1. 能准备维修家用电动电热器具所需配件 2. 能准备维修家用电动电热器具所需工具	家用电动电热器具维修所需常用配件和耗材的分类及特点
	（二）电气系统维修	1. 能检查、更换家用电动电热器具电热组件 2. 能检查、更换家用电动电热器具微动开关 3. 能检查、更换家用电动电热器具水泵 4. 能检查、更换家用电动电热器具电解装置 5. 能检查、更换家用电动电热器具定时器 6. 能检修各种类型的专用电动机	1. 家用电动电热器具电热组件的种类及检查、更换方法 2. 家用电动电热器具微动开关的种类及检查、更换方法 3. 家用电动电热器具水泵的种类及检查、更换方法 4. 家用电动电热器具电解装置的种类及检查、更换方法 5. 家用电动电热器具定时器的种类及检查、更换方法 6. 各种类型专用电动机的种类及检查、更换方法

续附表1-2

职业功能	工作内容	技能要求	相关知识
		7. 能检查、更换电磁炉的电磁线圈、高压二极管、高压电容 8. 能检查、更换微波炉的功率器件 9. 能检查、更换家用电动电热器具电感组件	7. 电磁炉的电磁线圈、高压二极管、高压电容检查、更换方法 8. 微波炉功率器件的种类及检查、更换方法 9. 家用电动电热器具电感组件的种类及检查、更换方法
	（三）机械部分维修	1. 能检查、更换家用电动电热器具的密封件 2. 能对家用电动电热器具的运动部件及传动系统等可见部位的机械故障进行维修	1. 家用电动电热器具的密封件类型特点 2. 家用电动电热器具运动部件及传动系统等可见部位的机械故障的分类及维修方法
	（四）交付使用	1. 能说明家用电动电热器具的维修情况 2. 能说明家用电动电热器具维修的保修期	1. 家用电动电热器具维修成本的核算知识 2. 家用电动电热器具上各种标识符号的含义 3. 家用电动电热器具的使用方法及注意事项

3.3 高级

附表 1-3　高级技能要求

职业功能	工作内容	技能要求	相关知识
一、家用制冷器具维修	（一）电气系统维修	1. 能绘制家用制冷器具电气控制接线图 2. 能读懂家用制冷器具电子电路图 3. 能测量家用制冷器具控制电路的输入输出电压 4. 能检修家用制冷器具的采样输入电路 5. 能检修家用制冷器具的输出控制电路 6. 能检修家用制冷器具的红外信号接收电路 7. 能检修家用制冷器具的保护电路	1. 家用制冷器具电气控制接线图的特点 2. 家用制冷器具电子电路图的特点 3. 家用制冷器具控制电路输入输出电压的测量方法 4. 家用制冷器具采样输入电路的特点 5. 家用制冷器具输出控制电路的特点 6. 家用制冷器具保护电路的特点
	（二）制冷系统维修	1. 能拆解、维修家用制冷器具的压缩机及其相应件 2. 能拆解、维修家用制冷器具的阀件	1. 家用制冷器具压缩机及其相应件的拆解、维修方法 2. 家用制冷器具冷凝器、蒸发器的拆解、维修方法 3. 家用制冷器具阀件的拆修方法
二、家用空调器具维修	（一）电气系统维修	1. 能检查、维修家用空调器具的遥控信号接收电路 2. 能检查、维修家用空调器具的风量转换电路 3. 能检查、维修家用空调器具的温度控制电路	1. 家用空调器具遥控信号接收电路的特点 2. 家用空调器具风量转换电路的特点 3. 家用空调器具温度控制电路的特点
	（二）制冷系统维修	1. 能拆解家用空调器具的压缩机 2. 能检测家用空调器具的压缩机及其附件是否符合要求 3. 能维修家用空调器具的压缩机及其相应件 4. 能拆解、维修家用空调器具的室内外风机	1. 家用空调器具压缩机的拆解、维修方法 2. 家用空调器具节流装置的拆解、维修方法 3. 家用空调器具冷凝器、蒸发器的拆解、维修方法 4. 家用空调器具室内外风机的拆解、维修方法

续附表1-3

职业功能	工作内容	技能要求	相关知识
三、家用电动电热器具维修	（一）电气系统维修	1. 能拆解家用电动电热器具电动机 2. 能更换家用电动电热器具电动机零部件 3. 能检查、更换家用电动电热器具控制板、显示板	1. 家用电动电热器具电动机的种类、结构及拆解方法 2. 家用电动电热器具零部件的特点及更换方法 3. 家用电动电热器具计算机板、显示板的原理、特点及检查的更换方法
	（二）机械部分维修	1. 能维修家用电动电热器具的机械系统故障 2. 能进行家用电动电热器具修复后的整机调试及安全检测 3. 能拆解、维修洗衣机的离合器	1. 家用电动电热器具的机械系统故障分析及排除方法 2. 家用电动电热器具修复后的整机调试及安全检测方法 3. 洗衣机离合器的结构及拆解、维修方法
四、培训管理	（一）培训	能对中级家用电器产品维修工进行基本技能培训	家用制冷器具、家用空调器具和家用电动电热器具基本维修技能知识
	（二）管理	能指导中级家用电器产品维修工并进行维修管理	家用制冷器具、家用空调器具和家用电动电热器具质量管理基础知识

3.4 技师

附表 1-4　技师技能要求

职业功能	工作内容	技能要求	相关知识
一、家用制冷器具维修	（一）电气系统维修	1. 能检修家用制冷器具微处理器的复位电路、时钟电路 2. 能检修家用制冷器具开关电源 3. 能检修家用制冷器具交流变频电路	1. 家用制冷器具微处理器的复位电路、时钟电路故障诊断及排除方法 2. 家用制冷器具开关电源故障诊断及排除方法 3. 家用制冷器具交流变频电路故障诊断及排除方法
	（二）检修控制系统	1. 能在压焓图上绘制实际制冷循环 2. 能应用压焓图分析家用制冷器具制冷系统运转情况	1. 压焓图结构及其应用知识 2. 压焓图上绘制实际制冷循环知识 3. 应用压焓图分析家用制冷器具制冷系统运转情况知识
二、家用空调器具维修	（一）电气系统维修	1. 能检修家用空调器遥控器 2. 能诊断家用空调器具微处理器控制系统故障 3. 能排除家用空调器具微处理器控制系统故障 4. 能排除家用空调器具信息网络处理系统故障	1. 家用空调器具电路故障诊断及排除方法 2. 家用空调器具微处理器控制系统故障诊断及排除方法 3. 家用空调器具信息网络处理系统故障诊断及排除方法
	（二）制冷系统维修	1. 能应用焓湿图分析空调系统故障 2. 能诊断及排除家用中央空调器具不制冷、不制热或制冷制热能力不均衡等故障	1. 焓湿图构成及其意义 2. 应用焓湿图分析家用中央空调器具制冷故障及诊断、排除方法 3. 家用中央空调器具不制冷、不制热或制冷制热能力不均衡等故障诊断及排除方法

续附表1-4

职业功能	工作内容	技能要求	相关知识
三、家用电器产品设备选型	（一）制冷量计算及设备选型	1. 能计算家用制冷器具制冷量 2. 能选择家用制冷器具型号	1. 家用制冷器具制冷负荷的计算方法 2. 家用制冷器具设备的选型方法和注意事项 3. 制冷系统压焓图及循环热力计算知识
	（二）制冷、制热量计算及设备选型	1. 能计算家用空调器具制冷量和制热量 2. 能选择家用空调器具设备型号	1. 家用空调器具制冷和制热负荷的计算方法 2. 家用空调器具的选型方法和注意事项 3. 空气焓湿图及过程计算知识
	（三）家用电动电热器具设备选型	能对家用电动电热器具进行选型	1. 家用电动电热器具运转荷载的计算方法 2. 家用电动电热器具设备选型的有关知识及注意事项
四、培训管理	（一）培训	能对高级家用电器维修工进行技能培训	家用制冷器具、家用空调器具和家用电动电热器具的维修技能知识
	（二）管理	能指导高级家用电器维修工并进行维修管理	家用制冷器具、家用空调器具和家用电动电热器具质量管理知识

3.5 高级技师

附表 1-5　高级技师技能要求

职业功能	工作内容	技能要求	相关知识
一、家用电器产品改进	（一）家用制冷器具改进	1. 能检修家用制冷器具微处理器故障 2. 能检修家用制冷器具直流变频电路 3. 能改造家用制冷器具制冷系统 4. 能改造家用制冷器具电气控制系统 5. 能检修家用制冷器具信息网络处理系统	1. 家用制冷器具微处理器故障分析、排除方法 2. 家用制冷器具直流变频电路的检修方法 3. 家用制冷器具制冷系统管道的配置方法 4. 家用制冷器具电气控制系统的配置方法 5. 家用制冷器具信息网络处理系统的检修方法
	（二）家用空调器具改进	1. 能改进家用空调器具制冷系统 2. 能改进家用空调器具风系统和水系统 3. 能改进家用空调器具微处理器控制系统 4. 能改进家用空调器具信息网络处理系统	1. 家用空调器具制冷系统管道的配置方法 2. 家用空调器具风系统和水系统的配置方法 3. 家用空调器具电路系统的配置方法 4. 家用空调器具微处理器控制系统的配置方法 5. 家用空调器具信息网络处理系统的配置方法
	（三）家用电动电热器具改进	1. 能改进家用电动电热器具机械系统 2. 能改进家用电动电热器具电路系统 3. 能改进家用电动电热器具微处理控制系统 4. 能改进家用电动电热器具信息网络处理系统 5. 能编制家用电动电热器具程控器程序	1. 家用电动电热器具机械系统的配置方法 2. 家用电动电热器具电路系统的配置方法 3. 家用电动电热器具微处理控制系统的配置方法 4. 家用电动电热器具信息网络处理系统的配置方法 5. 家用电动电热器具程控器程序的编制方法

续附表1-5

职业功能	工作内容	技能要求	相关知识
二、家用电器产品制图	（一）家用电器产品电气制图	1. 能绘制制冷器具电气系统图 2. 能绘制空调器具电气系统图 3. 能绘制电动电热器具电气系统图	1. Protel 基本绘图方法 2. Protel 基本编辑方法 3. Protel 使用图块方法
	（二）家用电器产品机械制图	1. 能绘制家用制冷器具制冷系统图 2. 能绘制家用空调器具制冷系统、水系统和风系统图 3. 能绘制家用电动电热器具机械结构图	1. AutoCAD 基本绘图方法 2. AutoCAD 基本编辑方法 3. AutoCAD 使用图块方法
三、培训管理	（一）培训	能培训家用电器维修工技师	家用制冷器具、家用空调器具和家用电动电热器具的维修特点知识
	（二）管理	能指导家用电器设备维修工技师进行维修综合管理	家用制冷器具、家用空调器具和家用电动电热器具综合管理知识

4．比重表

4．1 理论知识

附表 1-6　职业技能理论知识占比

项目			初级（%）	中级（%）	高级（%）	技师（%）	高级技师（%）
基本要求		职业道德	5	2	2	2	2
		基础知识	19	5	5	5	5
相关知识	家用制冷器具维修	接待客户	2	—	—	—	—
		电气系统维护	2	—	—	—	—
		制冷系统维护	8	—	—	—	—
		其他项目维护	4	—	—	—	—
		维修准备	4	2			
		电气系统检修	5	10	15		
		制冷系统检修	2	15	12	—	
		电气系统维修	—	—		10	
		制冷系统维修	—	—		10	
		交付使用	1	1	—	—	
		电气系统维护	4				
		制冷系统维护	8				
		其他项目维护	4				
		维修准备	2	2			
		电气系统检修	2	10	18	15	
		制冷系统检修	3	19	12	15	
		交付使用	1	1			
	家用电动电热器具维修	电气系统维护	5	—	—	—	—
		机械系统维护	4	—	—	—	—
		维修准备	2	2	—	—	
		电气系统检修	6	15	15	8	
		机械部分检修	5	15	19	5	
		其他专用部件检修	1	—	—		
		交付使用	1	1			

续附表1-6

项目			初级 (%)	中级 (%)	高级 (%)	技师 (%)	高级 技师 (%)
家用电器产品 设备选型		制冷量计算及设备选型	—	—	—	10	—
		制冷、制热量计算及设备选型	—	—	—	10	—
		家用电动电热器具设备选型	—	—	—	8	—
家用电器 产品改进		家用制冷器具改进	—	—	—	—	25
		家用空调器具改进	—	—	—	—	30
		家用电动电热器具改进	—	—	—	—	20
家用电器 产品制图		家用电器产品电气制图	—	—	—	—	8
		家用电器产品机械制图	—	—	—	—	8
培训管理		培训	—	—	1	1	1
		管理	—	—	1	1	1
合计			100	100	100	100	100

4.2 技能操作

附表1-7　职业技能操作知识占比

项目			初级 (%)	中级 (%)	高级 (%)	技师 (%)	高级技师 (%)
技能要求	家用制冷器具维修	接待客户	2	—	—	—	—
		电气系统维护	2	—	—	—	—
		制冷系统维护	10	—	—	—	—
		其他项目维护	6	—	—	—	—
		维修准备	2	2	—	—	—
		电气系统维修	7	10	20	—	—
		制冷系统检修	4	20	12	—	—
		电气系统检修	—	—	—	10	—
		制冷系统维修	—	—	—	10	—
		交付使用	1	1	—	—	—

续附表1-7

项目			初级（%）	中级（%）	高级（%）	技师（%）	高级技师（%）
技能要求	家用空调器具维修	电器系统维护	4	—	—	—	—
		制冷系统维护	10	—	—	—	—
		其他项目维护	6	—	—	—	—
		维修准备	2	2	—	—	—
		电气系统检修	4	10	20	15	—
		制冷系统检修	5	21	12	20	—
		交付使用	1	1	—	—	—
	家用电动电热器具维修	电气系统维护	7	—	—	—	—
		机械系统维护	6	—	—	—	—
		维修准备	2	2	—	—	—
		电气系统检修	8	15	15	10	—
		机械系统检修	7	15	19	5	—
		其他专用部件检修	3	—	—	—	—
		交付使用	1	1	—	—	—
	家用电器产品设备选型	制冷量计算及设备选型	—	—	—	10	—
		制冷、制热量计算及设备选型	—	—	—	10	—
		家用电动电热器具设备选型	—	—	—	8	—
	家用电器产品改进	家用制冷器具改进	—	—	—	—	25
		家用空调器具改进	—	—	—	—	35
		家用电动电热器具改进	—	—	—	—	20
相关知识	家用电器产品制图	家用电器产品电气制图	—	—	—	—	9
		家用电器产品机械制图	—	—	—	—	9
	培训管理	培训	—	—	1	1	1
		管理	—	—	1	1	1
合计			100	100	100	100	100